続 近江漫遊

菊池光治

SUNRISE

はしがき

琵琶湖の東北、長浜市高月町の観音の里歴史民俗資料館を訪ねていた折り、偶然目に留まったのは、同町のもろこ祭りの小さな写真であった。妙な名前の祭りだなーと思ったが、もろこは湖魚の中でも美味とされ、佃煮にするとさくさくとした歯触りで食が進む。味に魅《ひ》かれた訳ではないが、祭りの見物に出かけた。そこは鄙《ひな》びた集落の神社であった。祭りの中心は豊穣を神に感謝する典雅な舞であり、何故ここにと思わせる王朝の雅と高い薫は心驚かされるものであった。近江にはユニークな祭りも多く、その幾つかを「近江の祭り」としてまとめた。また、書名は前回出版した『近江漫遊』を継続して社寺や旧跡を訪れたものを『続近江漫遊』としたが、さらにこの地には能の舞台となっている見所もある。それらについては、華麗な謡曲の詞章を取り入れて「謡曲街道」としてまとめた。それ以外の節もあるが、組み入れた写真を眺め眺め、祭りや古典文学の世界をお遊び頂けたら幸いである。

二〇一九年一月

目次

近江の祭り

長浜八幡宮曳山祭……7
湯谷神社の子ども歌舞伎……12
筑摩神社の鍋冠まつり……14
米原市域の奴振り……16
乃伎多神社のもろこ祭り……20
丹生神社の茶わん祭り……23
大荒比古神社の七川まつり……27
子どもの竹馬祭り（高島市佐佐木神社・若宮八幡宮）……30
コラム　馬の祭り……30
多賀大社の御田植祭……32
日牟禮八幡宮の左義長……34
コラム　信長の左義長……36

近江漫遊

大音を歩く……40
酒波寺の桜（行基桜）……46

円満院の桜……52
崇福寺跡、滋賀里大仏、百穴古墳……54
小野郷……59
小野の篠原……66
摺針峠……69
米原湊……73
山津照神社……76
だるま寺（龍潭寺、全長寺）……82
良畴寺　—びわこ大仏の寺—……92
花の寺　総持寺……96
萩の寺　神照寺……101
花沢のハナノキ……104

謡曲街道

逢坂の関、蝉丸神社……108
関寺……116
三井寺……122
義仲寺　—巴と兼平—……126
石山寺　—源氏供養—……136

古典芸能に遊ぶ

文楽　―七福神宝の入船―……152
長浜狐と竹生兎……155
砧　―待つ女の情念は―……160
小督　―峯の嵐か松風か―……167
忠度と俊成　―名歌の謎―……171
箙　―白梅を背に付けて戦う―……179
能で楽しむ源氏物語　―六条御息所の影―……181

残映

氷雨の中に送る……194

あとがき

参考文献

近江の祭り

丹生神社
乃伎多神社
若宮八幡宮
佐佐木神社
大荒比古神社
長浜八幡宮
福田寺
神明宮
山津照神社
筑摩神社
湯谷神社
多賀大社
日牟禮八幡宮

近江には神社が多い。村々には社《やしろ》があり、新年になるとオコナイの神事がある。村人は新しい年の豊饒を祈願して、巨大な餅や飾りを社に捧げる。

近江では、古《いにしえ》には天皇《すめらみこと》を支えた息長《おきなが》氏が広域の文化圏を培った。平安期には都の鬼門の守りとして寺門が栄えた。また下ると都に近い穀倉と湖上海運は戦国の要衝となり、天下布武を掲げた織田信長は安土に城を築いた。浅井長政もまたその夢を小谷《おだに》の山に育んだ。長政に替わって長浜に城を築いたのは秀吉だった。やがて戦乱の時は去り平和が訪れると、人々は豊かな実りと繁栄を求めて、様々な祭りが生まれたのであろう。祭りの多い近江である。巡りきれる訳もないが、ゆっくり楽しみながら歩いてみよう。

長浜八幡宮曳山祭

長浜八幡宮の曳山祭は当社の春まつりで、四月十五日が本日である。その時期に近づくと町内はしゃぎりの音色で賑わう。山車の上で演じられる子ども歌舞伎が見所となる。祭の起源は当時の長浜城主であった秀吉に世継が生まれたお祝いだったとの伝承がある。町衆に賜ったお祝いの砂金を基に、子ども歌舞伎が演じられる山車を作ったのだと。長浜曳山博物館の森岡榮一氏によると、「この様な伝承を生かすとしても、初めは武者行列くらいで祭りは行われ、その後徐々に発展して、今の姿になったのは江戸時代後期であろう。山車の造作と装飾の見事さは当時の長浜町衆の財力をあらわすものである」とのことである。

山車は十三の町にある。特別のイベントでは全基そろうこともあるが、通常はこのうち長刀山と子ども歌舞伎を行う四基が祭に参加する。本格的な浄瑠璃を背にした子どもたちの熱演には思わず引き込まれ、その場を離れ難い感動を与えてくれる。それに加えて子どもの熱演に花を添える山車の芸術性を是非観賞したい祭りである。

長浜曳山祭　子ども歌舞伎（長浜八幡宮）　月宮殿

長浜曳山祭　子ども歌舞伎（長浜八幡宮）

長浜八幡宮での山車のひき廻し

山車に勢揃いした子どもたち

高砂山　波に兎の模様

湯谷神社の子ども歌舞伎

米原の湯谷神社にも子ども歌舞伎がある。祭りは十月で、長浜の子ども歌舞伎が春の祭りであるのに対し、こちらは秋の祭りである。山車は三基あるが、毎年一ないし二基が出て、その上で子ども歌舞伎が演じられる。これらの山車は『坂田郡志』によれば江戸時代明和七年（一七七〇）に造られたという記述もあり、現在のものは後の造作であろうが、それにしても二百年以上の伝統を有する祭りである。

私の観た演目は義経千本桜であった。出演する子どもたちがそれぞれの役を懸命に演じる姿は微笑ましくもあるが、よくここまで上手になったものと感心させられる。なかでも子狐役の演技は子どもなのに、いや子どもだから却ってか、子狐の魂が乗り移ったかの様に思われた。細い縁廊に設けられた障子の衝立をばりっと跳び破って姿を消すかと思うと、舞台の天井近くに突如姿を現す。くらくらと眩暈《めまい》がする白昼劇となって忘れ難い祭りとなった。

米原市湯谷神社の子ども歌舞伎

鍋冠まつり　玉串を持つ少女

筑摩神社の鍋冠まつり

米原市朝妻《あさづま》筑摩《ちくま》の筑摩神社の春の祭礼である。幼い少女八人が、狩衣を着て張子の鍋を被って行列する。山車、奴振りも面白い。この祭りは、平安時代から続く伝統で伊勢物語にも記述があるのには驚かされる。

近江なる筑摩の祭とくせなむつれなき
人のなべのかず見む

あの筑摩の美しい娘は今どうしているのかな、きっと沢山の男が言い寄っているのだろう。早く行かないと！

鍋冠まつり　張子の鍋を被って行列する少女

米原市域の奴振り

米原地区では、長沢の公家奴振り（福田寺《ふくでんじ》熊野神社）、宇賀野の蹴り奴振り（坂田神明宮）、能登瀬の武家奴振り（山津照《やまつてる》神社）など奴振りの伝統が残っている。いずれも春祭り（五月）に奉納される。

奴は十数名の行列で毛槍を廻して行進する。しかし長い道中では草臥《くたび》れる。そこで担いでいる槍や傘、挟み箱を気合とともに代わりの者へと受け渡す。槍などは投げて渡す動きもある。また奴の足の踏み方も各々特徴がある。

公家奴は両手を広げ、踏出した右足の後へ左足を添える。ゆったり、ゆっくりした優雅な歩みである。一方、蹴り奴は両袖を手で持って横に広げ、脚も開いて踵を後ろへ蹴りながら進む。颯爽として軽快な動きである。また、武家奴は顔に太い眉や髭を大きく描き、腕を振って、のっしのっしと歩く。如何にも強そうである。

大名行列や公家行列も、駕籠や馬で粛々と歩くだけでは面白くないが、先頭の奴振りは足の踏み方、手の張り方など誰が振り付けしたのだろうか。そのパフォーマンスは江戸時代の庶民も楽しんだにちがいない。行列も街に近づくと先頭の奴さんはがぜん元気が出る。行列を代表する注目の役者に変身するのだ。

〔由来〕

公家奴振り（滋賀県無形民俗文化財）

江戸末期摂政関白二条斉敬《なりゆき》の妹、かね子が長沢御坊福田寺の息長本覚摂専に嫁入りをした。その時の行列の様子を現すものと伝えられる。彦根藩の井伊直弼がこの時仲人をした。行列の挟み箱に橘の紋があるのは、このことに縁るものであろう。

武家奴振り

山津照神社は古代豪族息長《おきなが》氏の古墳を祀る神社である。武家奴は同社別祀の青木神社の祈祷札を宮中へ奉納する行列に由来するという。

蹴り奴振り

坂田神明宮は古社であるが、享保一八年（一七三三）彦根藩主井伊直惟《なおただ》が、彦根の鬼門となるとして本社殿の造営を寄進した。その竣工時に彦根藩からの参拝行列が起源とされる。

公家奴振り（米原市長沢　福田寺熊野神社）

武家奴振り（米原市能登瀬　山津照神社）

蹴り奴振り（米原市宇賀野　坂田神明宮）

乃伎多神社のもろこ祭り

長浜市高月町東阿閉《ひがしあつじ》にある乃伎多《のぎた》神社の秋祭りで、九月十三日が定めの日である。もろこ祭りとは変わった名前である。謂れによると元は諸人祭として始まったらしい。当地の人はモロビトよりモロコの方がお好みらしく、何時の間にか祭りの名前もそう換わった。

モロコは美味でモロビトに好まれる湖魚である。祭りでは生鯉が社神に捧げられ、祭りの終りには水に還される。ひもで括られた鯉は、解かれてもしばらくは草臥れたとグロッキーであったがやがて元気を回復して泳ぎはじめる。祭りの名前にまで発展した小さなモロコも、それはそれ、ちゃんと準備されている。金魚鉢の中で元気に泳いで祭りを楽しんでいた。

巫女四人による優雅な舞がある。長い髪を後に垂らし紅白の熨斗の飾りで括っている。手に鈴を持ち豊饒を祈願して舞う。また鈴を扇に変えての舞は優美に、時よ止まれ、この恍惚を永遠にとの想いの中に続いてゆく。

もろこ祭り（長浜市高月町　乃伎多神社）

もろこ祭り　鈴の舞（上）に続いて扇の舞（下）

丹生神社の茶わん祭り

長浜市余呉町上丹生《かみにゅう》の丹生神社の春祭りである。近年は五月四日に行われることが多い。三年に一度の開催であったが、今では五、六年に一度となってしまった。

祭りのいわれとしては、その昔、末遠《すえとお》（余呉町橋本地区）の陶工末遠春長が作陶の技を神に授かったとして神社に陶器を奉納したのが始まりという。丹生神社では、永暦年間（一一六〇〜一一六一）の記録があると祭りの紹介記事は伝える。どんな時代だったのだろう。歴史年表を見ると、一一五九年は平治の乱、一一六五年厳島神社平家納経とある。平清盛の権勢を振るった時代である。その時には神社はあったのであろう。神社があれば祭りはある。それが今の姿かどうかは別にして。

祭りには三基の山車が出る。その山車の飾りが、この祭りのいわれとなった陶器で飾られているのが、外にはない装いである。山車の上十メートルほどに渡り、陶器茶碗や花瓶を使って、その年の外題を表現する。忠臣蔵や先代萩と言った江戸時代の歌舞伎のものが多い。陶器をぶら下げるのは藤の蔓、それに衣装を着けて内蔵助とか。山車の下から観察すると面白いが、こんなのよそにあるの？　いや天下の奇観である。天下の奇祭だ。

神社の境内には舞台が設けられ、神事のあと稚児の舞が奉納される。囃子にのって晴れの衣をまとい健気に舞う子どもたちの姿は、次の世を託す親の祈りでもある。一人の少女が舞台に上る。御幣と鈴を持っている。神殿に拝礼したあと囃子の笛にのり舞を捧げる。烏帽子を被っていたり、鞨鼓を前に下げることもある。一人の舞が多いが、時に二人の連舞もある。少女の舞が終わると、勇壮な武者姿の男児が登場し活発な動きに観客も湧いた。子どもたちは雑念もなくひたすら純心である。この心が神に捧げるのに最も相応しい。

祭りのクライマックスは、花奴であろう。花奴は行列をして神社の階段を降りてゆく。新緑の地へ、緑の稲穂の田の畦へ。花奴は辻々で花傘を回して伝統の舞を踊る。華麗なラインダンスは観る者を楽しませるが、若者の元気は神からの豊饒を約束しているのだ。この山深い地にどうしてこんな祭りがあったのか、それがまた何百年受け継がれて来たのか。それが近江という地なのである。

茶わん祭り　巻短冊と丸帯で飾られた大太鼓役の若者

祭りのクライマックスをつとめる花奴

陶器で飾られた３基の山車

大荒比古神社の七川まつり

高島市新旭町にある大荒比古《おおあらひこ》神社の春祭り（五月）で、勇ましい馬の祭りである。七八〇年前（十三世紀）領主の佐々木高信の出陣祈願が始まりと伝えられる。馬の宮参り儀式や流鏑馬、競い馬がある。馬上の武者は狩衣を着て弓を持ち、神社の鳥居下から始まる階段の二段目まで馬を寄せる。そこで武者は鐙《あぶみ》に立って祈願の儀式を行う。祭りに参加する数頭の馬が鳥居前を通過すると、今度は各村からの傘鉾の宮参り行列が続き賑やかな気分となる。この祭りのもう一つの見所は、少年の奴振りである。四角い的を付けた青竹を真上に振り、また一斉に手を横にして形を作って、村から神社へと行進する。十二基の的練りと二基の樽振りがある。樽振りは棒の先に樽状の籠がありこれを踊る様に振って進む。それにはお多福と天狗の面が付けられている。この行列の音頭は通過儀礼の意味もあるのだろうが、極めて変わっている。さらに面白いものは、馬と少年の駆け比べである。馬を後にして、その何メートルか前に少年たちを並べて、ヨーイドンで走らせる。必死に走っても後ろの馬はだんだん近づいてくるのは、見ていてもスリルがある。見張り役の合図で少年たちはコースから外れ、馬は通過して行く。

少年の奴振り

少年と馬の駆け比べ

子どもの竹馬祭り（高島市佐佐木神社・若宮八幡宮）

七川まつりの社の岡を越えるとまた社がある。今市の佐佐木神社や辻沢の若宮八幡宮では、子どもも馬祭りをやっている。立派に成長して、佐々木氏の伝統を持つ七川まつりの騎手になって欲しいとの親の願いの祭りであろうか。

子どもは竹の棒の先に馬頭を付けた竹馬を、脚に挟んで走る。また流鏑馬の真似ごともする。子どもは小学生までだろうか。大丈夫かと思うほどよちよち歩きの子も参加していて楽しい。だが年々参加する子どもは減っていて何時までこの祭りが維持できるのか、心配だと語る人もいた。以前はたくさんの子どもがいて、午前の部、午後の部と分けてやった時もあったのにと。

馬の祭り

馬の祭りは他にもある。流鏑馬と競馬である。近江神宮の流鏑馬は毎年十一月三日に行われていたが、近年では時の記念日に近い頃となっている。古い伝統を持つ近江八幡の加茂神社の足伏走馬もある。この地は天智天皇が牧場を拓いたとか、聖武天皇の時代に神社が創建されて、このころから競馬が行われたとの伝承には驚かされる。

陸路で湖西を北上すれば勝野の原となる。万葉以来の歌所である。

さざなみや近江のみをの山おろし勝野を行けば花の香ぞする（法院尊海）

楽しい道行だが、寂しいのもある。

思い知る人なからめや馬はあれど勝野の原にしほれ来つるを（知家）

またこんなのもある。

行く駒の跡だにもなし旅人の勝野の原に茂る夏草（山階入道）

勝野を過ぎて北上すればマキノへ出る。馬を放牧した牧野（馬城野）であろう。湖北から湖西にかけて馬頭観音を祀る社は色濃く多い。日爪、馬場、馬塚古墳など馬に関連した地名もある。朝鮮半島から移入された馬は、まず近江の地で人を凌ぐ馬力を見せて、古代人を驚かせたに違いない。多賀大社の古例大祭も競馬はないが多数の馬の集う馬の祭りである。

多賀大社の御田植祭

五月の湖北は田植えで忙しい。乾いた田には水がはられ、緑の苗が美しく植えられる。近年では田植えもほとんどが農機によって行われるので、昔ながらの人による田植えを見ることも少なくなった。多賀大社では田植えの神事（御田植祭《おたうえさい》）がその神田で古式豊かに行われる。六、七十名の早乙女が参加する。

巫女による神事の後、あやめの花を飾った四人の娘が田植え歌を唄うと、畦に並ぶ舞い手が手を振って踊る。田に入った植え手は一列に並んで苗を植えつけてゆく。田植笠も凛々しく、色鮮やかなもんぺ姿の早乙女によって植えつけられた苗は、すくすくと育ち豊かな実りをもたらすに違いない。秋になるとまた収穫の祭り（抜穂祭）が行われる。

色鮮やかなもんぺ姿の早乙女たち

日牟禮八幡宮の左義長

日牟禮《ひむれ》八幡宮の左義長は春三月の祭りである。しかし江戸時代までは小正月の祭りであり、三月に変わったのは明治以降のことである。つまり、暦が新暦に変わったので、旧暦の小正月は三月になってしまったのである。その歴史は古く遡ればサギチョウと称して、三本の竹木で脚を組み藁などで三角錐を作った。これに火をつけて終わった正月飾りを燃やす火祭りの行事である。平安時代に内裏でも行われ、公家、武家、商家や村落でも行われた。安土に城を構えた織田信長も、自ら派手な出で立ちで参加したと伝えられる。

祭りには各町からの山車が十数基繰り出す。山車には藁で芯を作り、その歳の干支に因んだ作り物を付ける。赤紙の幟《のぼり》を派手に翻し、女装の若衆に担がれて練り歩く。最後には神社に集結して、烽火として燃えてしまうのだが、何とも勿体ない見事な山車だった。その思いがまた新な活力を産み出すのであろう。

各町内から市中に繰り出される山車

信長の左義長

織田信長も左義長祭りに参加したと言われているが、その時の左義長とはどんなものだったのだろうか。信長も皆と一緒に左義長の山車を担いだのかと想像すると、つい笑えてくるのだが、さすがにそれはなかった様だ。

『信長公記』（太田牛一著・中川太古現代語訳、新人物文庫）によると……

天正九年（一五八一）一月八日、左義長の十五日に、お馬廻り衆は爆竹を用意し、頭巾装束に趣向をこらして思い思いの衣装で出場するよう指令が出た。……当日、馬場への入場は、先払いにお小姓衆。その次に信長。黒い南蛮風の笠をかぶり、描き眉の化粧をし、赤い色のほうこうを着け、唐錦の側《そば》次《つぎ》、虎皮の行縢《むかばき》を着けた。馬は葦毛。……十騎または二十騎ずつを一組にして早駆けさせた。馬の後に爆竹を着けて点火し、どっと囃したてて馬を駆けさせ、そのまま町へ乗り出し、また馬場へ戻ってこさせた。見物人が群れ集まり、皆がこの趣向に感嘆した。

天正十年（一五八二）、信長は、一月十五日の左義長に爆竹を持って出馬するよう、近江衆に命じた。……当日、一番に馬場へ入ったのは、菅屋長頼、堀秀政……二番目は畿内衆と……三番目は織田信忠、織田信雄……四番目が信長であった。腰蓑は白熊、脇差、行縢は赤地金襴で裏は紅梅。沓は猩々緋。馬は仁田某が、献上したやばかけ、奥羽から献上されたぶちの馬、遠江産の鹿毛、どれも秘蔵の馬三頭。信長はこれらの馬を取替え引換えして乗馬した。人々が群れ集まり、感嘆しながら見物した。

記述を見ると、小正月の火祭りというよりは、信長の武威を示す祭りであった。自らが築いた安土の町を賑わい豊かなものにしたかった、そんな思いもあったから派手なスタイルで左義長を盛り上げたかったのだろう。

（二〇一五年六月）

伊香具神社の藤（長浜市木之本町　2010年）

近江漫遊

大音を歩く

いかづちは降《くだ》りたまいき神杉に登りし藤のあの花房いずこ

ＪＲ木ノ本駅から国道八号を西に行くと、やがて低い山並みに突き当たる。道はそこから隧道となり、突き抜けると眼下に琵琶湖が広がる。トンネルのない時代に徒《かち》で山越えするには、当地の大雪を考えるとさぞ難行であったことであろう。トンネルの先の塩津港から長浜まで、水運があり物資や人を運んでいたのは、ついこの間のことであった。舟路の方がよほど楽だったのである。この山並みはかつての古戦場賤ヶ岳に行き着くが、木立の中に戦国武将の鎧姿がスーッと現れてくる幻影をみる。大音《おおと》はそんな山裾にひっそりと佗ずんでいる。

集落に近づくと新緑をたたえる大欅がある。この一本の木にも歴史を感じさせる村社八幡神社である。社の前の余呉川を渡ってしばらく歩くと鳥居がある。それをくぐると桜並木の参道となるが、五月も半ば躑躅《つつじ》が咲き始めている時節である。桜はとうに散っているはずと思いながら歩くと、頭上の桜は緑葉となっているが、踏みしめる道には桜色が残っている。ここの桜は桃色の八重桜で花期が遅

大音の集落（上）と伊香具神社（下）（長浜市木之本町）

い。歩くうちに並木のいくつかにはまだ少し花弁が残り、その下は一層の濃い桃色の絨緞となっていた。参道を出て道をわたると神社の鳥居がまた現れて境内となり、神社のいわれなどを記した石版がある。この伊香具《いかぐ》神社は鳥居に特徴があり、伊香具式と呼ばれる独特の形をしている。二本の横柱の下の両横にさらに二本の横柱が付いているのである。こんな細部に気を付けないと、見落としてしまいそうだが。茅葺きの拝殿のうしろには桧皮《ひわだ》葺きの本殿があり伊香津臣命を祀る。貞観元年（八五九）の記録もある古社である。

今日は皐月《さつき》半ばの春祭り。氏子の集いの歓声は千年を経る時の衰えを感じさせない。本殿の横には大杉があり、これに龍が巻きつき天に昇る。それは巨木の頂にも届こうかと見られる藤であった。蔓には薄紫の花房がたわわに揺れて、時と自然の織り成す妙に見る者は呆然と酔いしれる。

神社を出て、ゆっくりと坂を登ると大音軍治《おおおとぐんじ》の屋敷がある。賤ヶ岳の戦いに功の認められた武家という。茅葺きであった屋根も今は瓦葺きに変り、古い感じはしないが、百五十年前の天保時代からの形式が受け継がれている。急な傾斜となっていて、迫る山からの豪雪の備えをなした造りである。屋内の柱は太く長押《なげし》の幅が広い。軒には取り外しが可能な支柱があって、雪圧に耐えねばならない庇を支える。つまり冬季にこの柱を使用するのだが、夏場には取り外して開放感のある空間にもどすのだ。

広い土間から部屋にあがると壁に細長い槍状のものが四本架かっていて、どきりとさせられる。ムムッ、さすが武家の家。一番上は長槍である。次のものは槍と言うよりは、鉾の様なやや平たい先端に十字をなす水平な突起が二段にあり、下側のものは猪の牙のような突起となっている。何という名前の武器であろうか。三番目は鉄製の先端が小さく四つに分岐してしなった指の形となり、各々に釘の様な突起が付く。狼牙棒とか袖がらみと言われるものであろう。敵の着ているものにからげて動きを制するのに使ったらしい。最下段には薙刀があった。何時でも戦に駆けつけられる備えである。見ていると中世にタイムスリップしたのであろうか、背筋がぞくぞくとしてくる。

次の部屋に目をやるとそこには時代を下がった写真がある。裃姿の武士が小刀を腰に指し、大刀を左に置いて正座している。大音龍太郎である。幕末に活躍した人物という。天下騒乱の風に、この雪深い山懐にじっと佇ずんではいられない血潮の高まりを覚えたのであろう。鷹のように雄飛していったのである。儒学蘭学を学び、維新政府では岩倉具視に見出され軍監として活躍、上野国岩鼻県の初代県知事になる。慶応四年のことである。当時岩鼻には代官所があり、そこが県庁となった。その後明治四年になって岩鼻県は廃止され群馬県と名前を変え、県庁は高崎城の中に移されたのである。

軍治の家からさらに坂を少し登ると、真宗大谷派園光山誓海寺の甍《いらか》がまぶしい。この地はかつて真言や天台寺院の繁栄があったが、賤ヶ岳の戦乱に損壊され、今ではわずかに小堂や堂跡が残影を残すのみである。さらに山陰に行くと賤ヶ岳へ上るリフトがある。スキー場とは逆に夏場に動く。

大音には絹糸工房がある。看板を見つけたので、今の時代にまだ作業しているのかと覗いてみた。繭を湯の中に入れ、それから糸を紡ぐ器具が三台置いてあった。六月になったら始まりますよとの話で、この仕事には季節があるのである。もう日本にはなくなってしまったかと思っていたが、まだ伝統の糸は切れていなかった。その糸は三弦、七弦となって失われた蚕の命を響きの中に蘇らせる。

旧の国道の山裾には伊香具小学校があり、その横が千手堂である。小さいお堂であるが中には、人の背丈ほどもあろうか、十一面観音がお祀りされているのに驚かされる。八臂《はっぴ》の像体は黒色で半眼の目は白く凛として前を見据える。深い哲学性を感じさせる面持ちである。他に毀損しているが二体の脇侍があるのだが、高月観音の里歴史民俗資料館で展示中とて写真を見るにとどまった。

今日採れたトマトだと、お堂を開けて下さった婦人から思わぬお土産を頂いた、暖かい土地柄である。

道は伊香具小学校の前から大きいS字を描いて登り坂となり旧の賤ヶ岳トンネルの入口にいたる。琵琶湖を一周するのであろう自転車の若者が、次々と風を切ってトンネルに吸込まれてゆく。

ここを抜けると眼下に琵琶湖が広がり、飯浦の静かな湖面に竹生島が間近に浮かぶ。

もう一度、伊香具神社の藤が見たくなって、また花の季節に行ってみた。ところがそこには二メートルを越える大きな切り株が残っているだけであった。終に雷神の降下があり、大穴が空いたため伐採されてしまったのであった。天に届くまで昇っていったあの藤の花はどこに行ってしまったのだろうか。その影は幻となって私の心の中に沈んでいった。

（二〇一〇—二〇一二年）

酒波寺の桜（行基桜）

満開との報道に急いで車を走らせる。酒波寺《さなみじ》は湖西の高島市今津町にある。大津方面からアクセスすると、国道一六一号を日置前あたりから左へ下り、日置神社方面へと進む。やや細い道で、大型のバスは入るのが難しそうである。小集落のはずれに寺はある。横には駐車場もあり、安心してお参りができる。このあたりは箱館山スキー場も近く、裏山は古くからのトレッキングコースでもある。

寺門からまっすぐに伸びた参道は石段へと連なり、その上に山門がある。この石段の横に伝説の江戸彼岸桜がある。見る者を驚嘆させる巨大な桜である。大木であるが、何故かスリムであり、すっくと立っている。上方は参道に向け枝垂れ、参拝者に花の傘を作っている。まっすぐに立つ姿は、見る者に何か精神的な強さを感じさせる。凛としてという表現がぴったりなのである。人見るもよし、見ざるもよし、我は咲くなりと言っている。

石段を上りきると本堂と庫裏がある。ここで振り返ると、どうだろうか、山門の柱と屋根が黒い額縁となって、その中に桜の造形を一層引き立たせているのだ。近江の名花であるが、ここまで訪れる人は多くはない。

酒波寺参道にそびえる江戸彼岸桜

酒波寺の桜

酒波寺は天平十三年（七四一）に僧行基によって創建されたと伝えられる。興福寺官務牒疎によれば、僧坊五十六宇と記録され大寺であった。しかし歴史の荒波により浮沈を繰り返すのは寺院の常である。平安初期には天台、真言兼学の道場となったが衰微し、平安末期に再興するも、室町時代には再度荒廃、浅井長政が修復させるも、織田の兵火に遭う。江戸時代に入ると佐久間大膳亮による復興があった。今では鄙びた寺であるが、高台にある堂門は往時の風格を保っている。そんな歴史の風雪を行基桜は見続けていたのである。推定樹齢五、六百年とか。

さなみてらの桜咲きけり凛として人見ざるもよし我は生くなり
百年の重みを肩になお咲かん命つくまで花果てるまで

（二〇一四年四月）

酒波寺の堂門

円満院（大津市園城寺町）

円満院の桜

もろともにあはれと思へ山桜花よりほかに知る人もなし

（行尊）

京阪電車の三井寺駅から琵琶湖疏水に沿ってゆっくりと上るとやがて園城寺の仁王門の前に出る。門を入らず右に進めば、隣接して円満院がある。門跡寺院であるが、ここを訪れる人は少ない。

宸殿《しんでん》の回廊を行くと、緑樹が被り青苔に被われた岩の擁する古池に出る。廊下に座って庭を眺めると、実に心が静まる。池には桜の大木が枝を延ばしている。この枝に咲く花を愛でながら一服の茶を頂けるとは、何という幸せであろうか。園城寺も桜の名所であるが、円満院とは花期が違う。ここの桜は山桜であるので、その開花は少し遅い。花よりほかに知る人もなしと行尊は詠ったが、知る人ぞ知る名園に花があればこの上もない。

寺の栞によれば、円満院は寛和三年（九八七）創立、村上天皇の第三皇子悟園親王の開基、三井三門跡の一つである。当初は平等院と号したが、次代の永円親王の時、平等院の名を宇治に譲り円満院となった。しかし三井平等院の通称は室町後期まで続いたという。宸殿は正保四年（一六四七）に京都御所より移築されたものであり、庭園は相阿弥の作と伝えられる。首記の歌を詠んだ行尊は天台座主、園城寺の大僧正を務めたが、和歌、音楽に堪能であり能書の聞こえも高かった。若い時分には各地の山で修行した。そんな中で和歌が生れている。

園城寺の賑やかな花に合わせて時々覗いてみるが、何時も花は咲いていない。しかしとうとうこの寺の山桜に会うことができた。園城寺の染井吉野はとうに終わっている時期だった。名園に枝垂れる山桜を観ていると行尊の和歌は如何にもふさわしい。だが、この花を一人で観るのは勿体ない。行尊は修行時代に大峰山で思いがけず山桜を観て、この歌を詠んだ。しかしここは大峰ではなく円満院なのだから。

わたしの想いを知るのは山桜、おまえだけなのだ、寂しいことに。でも一緒に桜を愛でる人が側に居たことは、おまえ、桜花しか知らないよね。他人に言ってもらってもいいのだけど。

（二〇一四年四月）

崇福寺跡、滋賀里大仏、百穴古墳

京阪電鉄の滋賀里駅から西方へ坂を上り、滋賀里病院の前の細い道を上がって行く。狭い道なので対向車が来ないことを祈りながらどんどんと上がって行くと、家並みの外れに百穴古墳《ひゃっけつ》の看板があり、道幅も広くなったのでそこに車を止める。崇福寺《すうふくじ》まで〇・五キロと書いてある。煙草を喫っているおじさんが居たので聞いてみると、じきですよとの答えで、歩いて行ってみることとする。だらだらとした坂道である。後でみればもう少し車で上がれた感じであった。途中に小さい庵があり、そこで老翁が掃除をしていたので尋ねると、道をさらに上ると分岐となり、左へ行くと階段がある。そこを上り切った所が寺院の跡であるとのことであった。途中はガラガラの石の多い道で、雨が降れば水の道となるのであろう。やがて崇福寺跡の看板が見えてきた。ここは東海自然道にもなっているらしくその表示もある。杖を片手に階段を下りてくる婦人がいた。「とっても良かった。新緑の紅葉に、紅の紅葉もあって、礎石も立派で、わざわざここまで来た値打ちがあったわー」と楽しげに話してくれた。歴史好きの女性、いわゆるレキジョの様であった。階段は丸太で作った木道となっていて、数十段を上ると上は広場と

崇福寺跡（大津市滋賀里）

百穴古墳（大津市滋賀里）

なりいくつもの礎石がある。中に一段と高い所がある。丸い形の石が整然と並び、ここに最も重要な伽藍があったことを示している。

崇福寺は、大津宮への遷都の翌年、天智七年（六二八）、天皇の勅願により建立されたという。大津宮は近江神宮駅の近くの錦織《にしこおり》にあり、遺跡が発掘されている。そして近くに四つの寺院が存在していた。即ち、園城寺（今の前身の寺）、南滋賀（廃寺）、穴太《あのう》（廃寺）、崇福寺（廃寺）である。現在残っているのは園城寺（三井寺）のみである。ただ、往時の遺構は三井寺の境内ではまだ、見つかっていない。崇福寺は志賀寺（志賀山寺）とも呼ばれていた。桓武天皇の時代には近くに梵釈寺も建立され、また延暦一七年（七九八）の記録では、南都の東大寺や興福寺と並んで、十大寺院の一つに数えられていた。万葉集の中にも注目すべき一首がある。

穂積皇子に勅《みことのり》して近江の志賀の山寺に遣はす時、但馬皇女の作りましし御歌一首

後《おく》れ居て恋ひつつあらずは追ひ及《し》かむ道の阿廻《くまみ》に標結《しのゆ》へわが背

（万葉集　一一五）

行ってしまう貴方が恋しい、後を追って行きたい、道の曲り角には印を結わえ

つけておいてください、嗚呼あなた。

こんな恋の舞台にもなった時もあった。だが、延喜二一年（九二一）伽藍は全焼してしまう。その後再興されるものの、何度かの焼失再興の繰り返しの中で、時の流れに埋没していった。今ではかつての礎石と、発掘された瓦片が往時を物語るのみである。

いにしえの寺の礎石を吹きぬけて何を語るや緑風爽かに

遺跡の静寂の中に身をゆだね古代の声を聴くとロマンは限りなく膨らんでゆく至福の空間となった。段差の大きい木道を注意深く降りて、寺院の遺跡を後にした。またがらがらの石の多い道にでた。滑らないように歩くと、先程通った庵にでた。そこの翁に滋賀里の大仏はどこかと聞くと、この庵がそこであった。仏を風雨から守るために屋根が設けられたのである。像長は三メートルはあろうか、丸顔のふっくらした上品な可愛さがある。少し下った所には小さい仏もあり、こちらは輪郭がよく分からないほどに風化している。どちらの仏も周りの落葉はきれいに清掃されている。仏前を清掃する老翁と、能「高砂」の松を清掃する翁が重なって見える。何故かこの近辺にも高砂と名の付く町があるのである。何となく不思議な縁を感じさせる仏であった。

さらに下ると百穴古墳の前にでる。道から幾つかの石組が見える。近くで見ると結構大きい石室で、底部、側面、上部を自然石で囲ってあり、その上に土盛りがしてある。中には軽自動車が入れそうな大きさのものもある。立派な古墳と思われるが、隣のものもすぐ近くにあり、昔の墓場だったのであろうか。古代に琵琶湖に住み着いた渡来人のものかも知れない。

見下ろす琵琶湖の水の色も美しく、白船の往来も楽しい。心の安らぐ空気であった。

（二〇一四年　五月）

小野郷

琵琶湖岸を湖西線で北上すると小野の駅に着く。このあたりから次の和邇《わに》までの一帯が小野の郷である。小野の地名はいたるところにあるが、ここは古代の有力氏族小野氏の発生の地である。

駅から少し上がると小さな公園があり、丘に上がればそこはもう小野妹子の墓の上なのであった。初回の遣隋使（六〇七年）を務めた第一級の歴史人であるが、特別の飾りもなく静かに眠っているのは不思議にさえ思われる。ここは唐臼山古墳と言われるが、その構造から朝廷内の有力な官人のものと考えられ、小野という地と重なって妹子の墓との伝承が生まれた。そして小野妹子神社の立派な石碑や鳥居まで建っている。ただ周辺は開発が進み、ゆったりした丘陵地も団地に埋めつくされてしまっている。

推古朝の時代、海外からの先進文化の導入を図り、早く国を整備して海外と対等になりたいとの気持ちがあったであろう、聖徳太子は小野妹子に国書を託す。そこには「日出ずる処の天子、書を日没する処の天子に致す。恙無きや」とやってしまった。これを見て隋の煬帝は無礼なりと大いに怒ったのであった。

よく妹子は帰ってこられたものだ。隋にも事情があったのであろう。翌年答礼使斐世清を伴って妹子は帰国してきた。そして次の様に奏上した。煬帝の返書を持ち帰るところでしたが、途中百済にて盗まれてしまいましたのでありませんと。これを聞いて大事な返書を失ったとは何事だと、大いに紛糾し処刑すべきとの意見もでたが、和をもって尊しとなすの精神か、隋の使者が居た手前からか、お咎めなしとなった。妹子には返書の中味が分かっていた。これは上には見せられないと考え紛失したことにして、海に投げた。そして永遠に歴史の上から消滅させたのである。もとより明察の聖徳太子のこと、真相はお見通しであったろうが。

この妹子の古墳からさらに少し北へ上ると、小野道風神社がある。道風は三蹟に入る能書家であるが、柳の枝垂れた枝先に跳びつく蛙に感動したとの伝説がある様に努力家であった。蛙は跳んでも柳の枝をつかむことは出来なかったが、何度もやるうちに、段々高く跳べる様になったのである。社の入口には柳の木があり、蛙の飾りもあって思わず笑ってしまう。

さらに行くと小野神社と小野篁神社が隣あってある。小野神社は一族の祖神、天足彦国押人命《あまたらしひこくにおしひとのみこと》と米餅搗大使主命《たがねつきおほおみのみこと》を祀る。前者は孝昭天皇の皇子で、古事記に春日、大宅、小野らの臣の祖とある。後者はその七代の後孫、餅を初めて作ったとのことから菓子作りの神として信仰を集めている。

小野妹子神社（上）と妹子の墓と伝承される唐臼山古墳（下）

篁《たかむら》は平安時代の漢学者、歌人であるが直情の人であった。八三八年の遣唐使の副使に撰ばれたが、出発の時に事件は起きた。遣唐大使の乗る予定だった船に水漏れの不具合が発生してしまった。そして篁の乗る副使の船と交換せよとの命が出たのだ。そんな馬鹿なと篁は激怒し病と称して出航せず、副使の役を辞めて引っ込んでしまった。この咎で篁は隠岐の島に流刑となる。刑地に出発する際に一首の歌を詠む。

わたの原八十島かけて漕ぎ出でぬと人には告げよあまの釣舟
舟に乗りて出で立つとて、京なる人の許へ遣わしける（古今集）

難波から瀬戸内を通って隠岐に渡った様である。

琵琶湖の風に吹かれて丘陵を行くと、いにしえ人の歌が聴こえる。心豊かな歩みである。

ふと、風の中に声を聴いたような気がした。

何か忘れていない？……　それって花の色？

風に応えて花の色を楽しみながら、小町について少し触れてみよう。

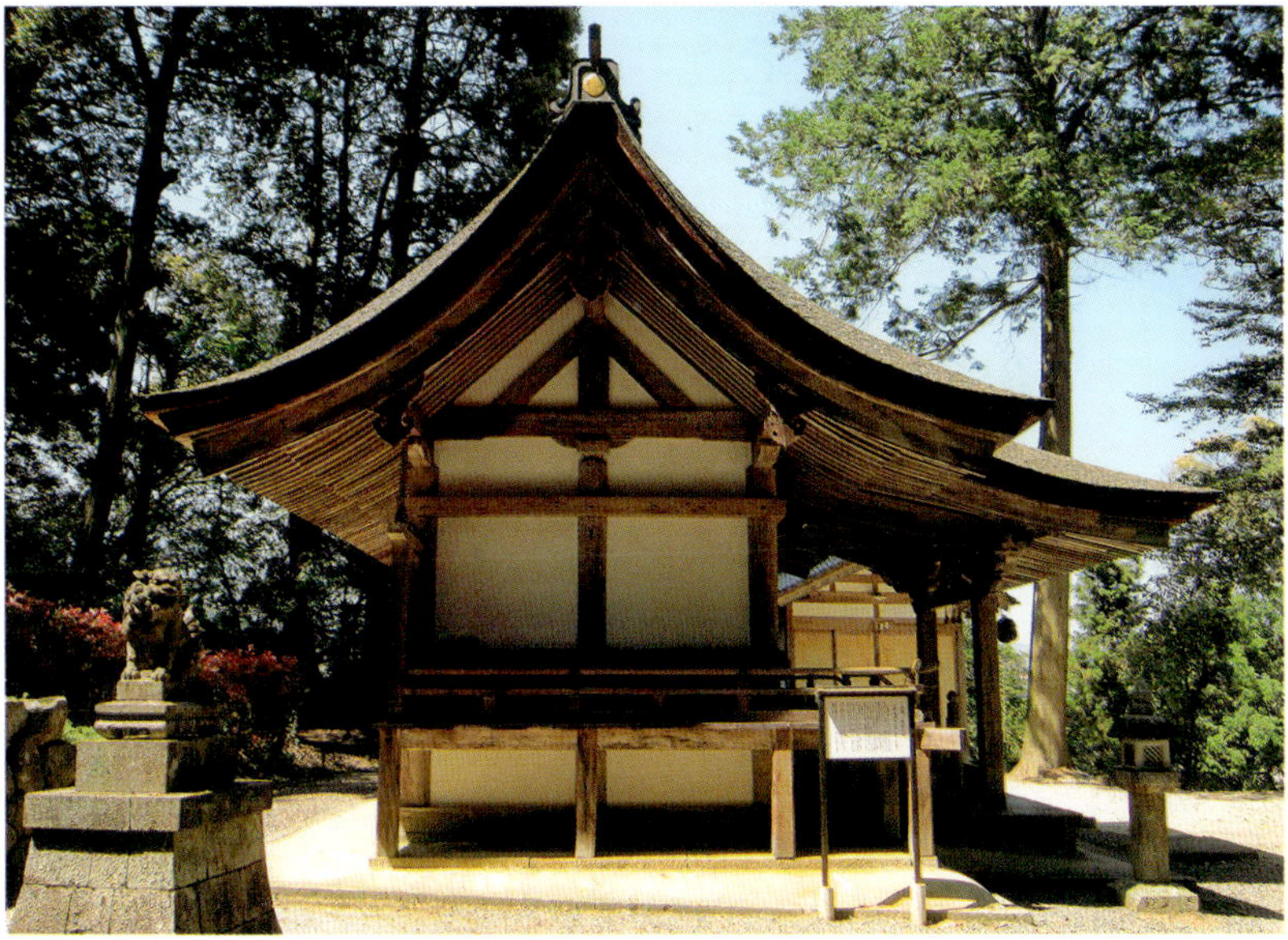

小野神社（上）と小野篁神社（下）

花の色は雪にまじりて見えずとも香をだににほへ人の知るべく
篁

花のいろはうつりにけりないたずらに我が身よにふる眺めせしまに
小町

篁の花は白梅、小町の花は桜だが、花の色となると、花とは誰のことなの?と つい考えてしまう。日本語の深さ面白さである。

小町は篁の孫とも言われている。折角小野神社に来たのに小町は居ないの?と想う人も居たのであろう、旧い石塔がある。説明文によると一三四五年建立とあるから南北朝時代のものである。五輪塔風の小塔である。

少し脱線するが、小野とは小さい野原であるので、日本のあちこちにある。そこには美女が居て小町伝説が生れる。小町は日本人のアイドルなのだ。

京都左京の北方にも小野郷はある。近江から移り住んだ小野氏の郷である。そこからさらに叡山電鉄で北へ入ると、市原駅の近くに、補陀楽寺《ふだらくじ》(小町寺)がある。ここには、小町と深草少将の立派な供養塔がある。何故こんな京の奥深い所にと考えさせられるのだが。

京都山科に行くとここにも小野はある。この地の随心院は小町ゆかりの寺とされている。九九一年の仁海僧正の開基とあるが、小町の没年は九九〇年とも言われているので、小町の生前には寺がなかったが、後に小野氏の所領の地にこの寺が開かれたと言われる。小町の恋文を納めた文塚や化粧した時に使ったと伝承される井戸がある。また鎌倉時代の作である卒塔婆小町坐像や室町時代の小町白描画などが集められている。寺の外を歩くと小町榧《かや》の木がある。これは深草少将が小町に会いに来た日数を榧の実で数えたとの伝説があるので植えられたものであろう。百日通ったら思いがかなうよと言われて九十九日通い、百日目に倒れてしまう悲劇の少将だが、この話は能楽「通小町《かよいこまち》」となって今でも上演されている。罪作りな小町だが、こんな話に振回される男性は古今東西数知れずと言えるから、あながち小町ばかりのせいでもなくそれが人間の性《さが》なのである。

昔も今も「まちおこし」「寺おこし」は大変な事業である。スーパースターである小野小町を取り込むべく涙ぐましい知恵を絞っているのだなーと感心させられる。

近江では彦根にも小野の地はある。また大津の関寺は小町ゆかりの寺である。

（二〇一一年）

小野の篠原

浅茅生の小野の篠原忍ぶれどあまりてなそか人の恋しき
参議等（後撰集）

この小野の篠原とは、鳥居本の大字小野《おの》（現、彦根市小野町）の地のことなりと、『近江国坂田郡志』の記述がある。根拠は源平盛衰記によるとある。「小野の篠原」とは一般的には特定の地を指すものとはされず、多くの歌に詠まれているのだが。

あさぢふの小野の篠原しのぶとも人知るらめやいふ人なしに
（古今集）

浅茅生の小野の篠原うちなびきをちかた人に秋風ぞ吹く
（拾遺愚草）

きりぎりす声弱りゆく浅茅生の小野の篠原秋ぞくれぬる
（新千載集）

彦根の北方にある小野の地は昔、小野荘といわれ馬場、鳥居本、百々《どど》、小野など八村があった。小野村には駅舎、小野宿があって繁盛した時代もあったという。さて、坂田郡史が根拠としたという源平盛衰記のどこに小野が出てくるのだろうか。捜してみることとした。

参議等《ひとし》は嵯峨天皇の曾孫で源姓であり、若い時に近江介の官歴がある。また小野荘は藤原俊成、その子定家の所領だった。冒頭の和歌を百人一首に選んだ定家にとってもゆかりの地といえる。参議等の没年は天暦五年（九五一）であり、平清盛が太政大臣になった仁安二年（一一六七）と比べても二百年ほど以前の人物であり、源平の合戦とは関係がない。またこの本には小野の地の記述も極めて少ない。巻四十五の内大臣関東下向の項を大津から醒ヶ井まで辿ってみよう。長くなるので、途中に省略をいれて引用してみる。

「……関山関寺打過ぎて、大津の打出浦に出ぬれば、粟津原とぞ聞き給ふ。天智天皇六年に、大和国明日香岡本の宮より、近江国志賀郡に遷されて大津宮を造られける所にやと思し召しつつ、湖水遥かに見渡せば、跡定めなきあま小舟……勢多の長橋轟々と打渡し、野路野原を分け行きて野洲の河原に出にけり。三上嶽を見給へば……

ちはやぶる三上の山の榊葉は昌《さかえ》ぞまさる末の代までも

……篠原堤、鳴橋、駒を早めて打つ程に、今日は鏡に着き給ふ。鏡山いざ立ち寄りてみてゆかん……武佐寺を打過ぎて、老曾杜《おいそのもり》をば心計りに拝しつつ、小野の細道露払ひ、醒ヶ井の宿を見給へば、木陰涼しき岩根より流るる清水冷《すさまじ》や……」

（源平盛衰記）

やっと終わりに、ちょっと出てくる小野の細道である。はてさて……

摺針峠

国道八号を彦根から米原へと北上すると、米原で関ヶ原に向かう二十一号と北陸へつなぐ八号に分岐するのだが、一方、昔の街道をたどってみれば彦根と米原の間の鳥居本から山越えとなる中山道と湖岸をさらに辿って米原から長浜へぬける北国街道に分かれる。八号から旧中山道への入り口には、立派な石碑があり「旧中仙道　磨針峠《すりはりとうげ》 望湖堂」とあるが、見る人も稀である。国道は車の往来のみ多く、旧中山道に入る人や車は少ない。

この石碑からすぐに道は上り坂になり、左へ右へと葛折りにしばらく上ると峠に着く。旧道なのでさほど広い道ではないが、たまに荷物を届ける車が通る。歩く人影は見当たらない。狭い峠には神社に上る階段があり、鳥居には明神社と掲げてある。上には家があって、そこが昔望湖堂のあった所である。明神社へはさらに少し階段を上るが、そこには小さな社があった。来た道を振り返れば、エレベーター・メーカーの白い実験塔が一際目立つ。その奥に湖岸の町並みがよくみえる。湖は果ても見えず霞んでいる。旅人はここで琵琶湖の絶景を見ながら一服の茶を楽しんだに違いない。中にはここで泊ってしまう人も居たであろう。往時はそんな旅人で結構賑わった様であるが、今はその面影もない。

すりはりの峠に来たり見納めと琵琶湖を見る吾を嫗《おうな》笑いぬ

修行のつらさに耐えかねて、学僧は都の寺を離れて近江路を歩く。摺針峠を越えると美濃、尾張、どこまで行くつもりだったのだろうか。峠で斧を磨ぐ嫗に出会う。何をしているのかと尋ねると、繕いをする針が折れてしまったので、この斧を磨いて針を作るのじゃと笑って答えた。これを聞いて若い学僧は己の根気のなさを恥じて都へ帰る。こんなエピソードのある峠の名である。

この話を描き上げた小倉遊亀の傑作がある。笑う嫗と困った顔の学僧が面白いコントラストとなって見る者の心を打つ。その絵は滋賀県立近代美術館にある。

ところでこの峠からさほど遠くない秦荘の金剛輪寺の近くに斧磨《よきとぎ》という地名がある。ここにも似たような伝承がある。昔一人の樵《きこり》が針を作るために斧を磨いていた。それを見た高僧がその意気に感じて斧磨の地名としたとか。近くの遺跡では磨かれた石斧の出土もある。摺針の嫗は斧磨の生まれだったのかな、などと想像してみると楽しくなる。

さて嫗が笑った峠を越えると彫の深い欄間を有する称名寺を経て、幾つかの人

摺針峠道標（彦根市）

家を過ぎればそこはもう野草の中である。やがて分岐になり「左　中山道　番場」とあるので、左の道を行くとそれは名神高速道路と平行した道となる。ひたすら行くが誰も居ない。動く影が見えた。高速道路のフェンスを越えてきた野猿である。すぐに道を横切って姿は消えた。

田畑もない路を進むと、少し開けて立派な石碑の前に出た。中山道番場宿とある。心細く峠を越えて来た人たちを安心させるうれしい心遣いだ。ここは西番場。徐々に人家も増えて、途中　鎌刃城への案内標識もある。中世、中山道に睨みをきかした山城で、幾つかの攻防があった。さらに下ると蓮華寺に出る。元弘三年北条方一族四百余人が足利勢に敗れて自害したと寺録にある。このことは太平記に見ることができる。

寺を過ぎてゆくと、路はまた分岐して左は米原へ、右は醒ヶ井へと繋ぐ。

米原湊

国道八号を彦根から北上し鳥居本で旧中山道に入ることなくそのまま行けば、米原駅に着くが、何とここが昔の米原湊なのであった。旧中山道は峠越えで関ヶ原に向かうが、車社会の現代では、山を迂回して平地を行った方が楽に思われる。しかし、江竜喜之元長浜城歴史博物館館長のお話によれば、昔の人は足が達者で峠を越えて歩くことは苦にしなかったが、ただ、荷物を運ぶとなると平地を進む方が良いし、海運ならば一層効率的なことは分かっていた。特に、江戸時代に入ると商業の活発化に伴い、荷動きも多くなった。これに注目した彦根藩は、米原に湊をつくり、長浜湊、彦根の松原湊に加えて米原湊の三港体制とし、大津への海運物流の主導権を握ったのであった。

米原には古来、朝妻湊があり、多くの和歌に詠まれている。だが、そこは街道からはやや遠く、物資の輸送には不便であった。牛馬で運ばれた荷物は宿場で下され、すぐに舟に乗せるのが効率的である。米原湊は北国街道沿いに造られた。現在の米原駅近辺の姿しか知らない我々にとっては、想像もつかないことであるが、米原駅から西に広がる今では宅地や田畑となっている所は、広大な内湖であった。入江内湖と呼ばれ、琵琶湖畔の内湖としては大中の湖に次ぐ大きさであった。長浜から湖岸を彦根方面に向かうと朝妻から磯へは今は立派な湖岸道路となっているが、かつては細長く伸びた半島となっていて、米原湊で積まれた荷は入江内湖を通って磯から琵琶湖へ搬出されたのであった。

こんな話は随分昔のことと思えるが、入江内湖が干拓されたのは意外と新しい。漁業権の問題もあり、以前から計画はあったものの、実行に移ったのは太平洋戦争に入ってからであり、米の増産を目的とした。そして完成したのは戦後になってからなのである。この様子は湖岸入江の干拓資料館で見ることができる。

米原湊は往時には、街道に近い利便性を発揮したであろうが、鉄道運輸が始まると湊は駅に変わり、不要の設備となって消えていった。

摺針峠の賑わいも米原湊の繁忙も、今は昔の幻である。

磯の崎漕ぎ廻《た》み行けば近江の海八十《やそ》の湊に鵠多《たづさは》に鳴く

（万葉集）

古歌に詠われた湊は少なくなったが、水鳥は万葉の時と同じく多く見られる。この自然を大切にしたい。

（二〇一五年）

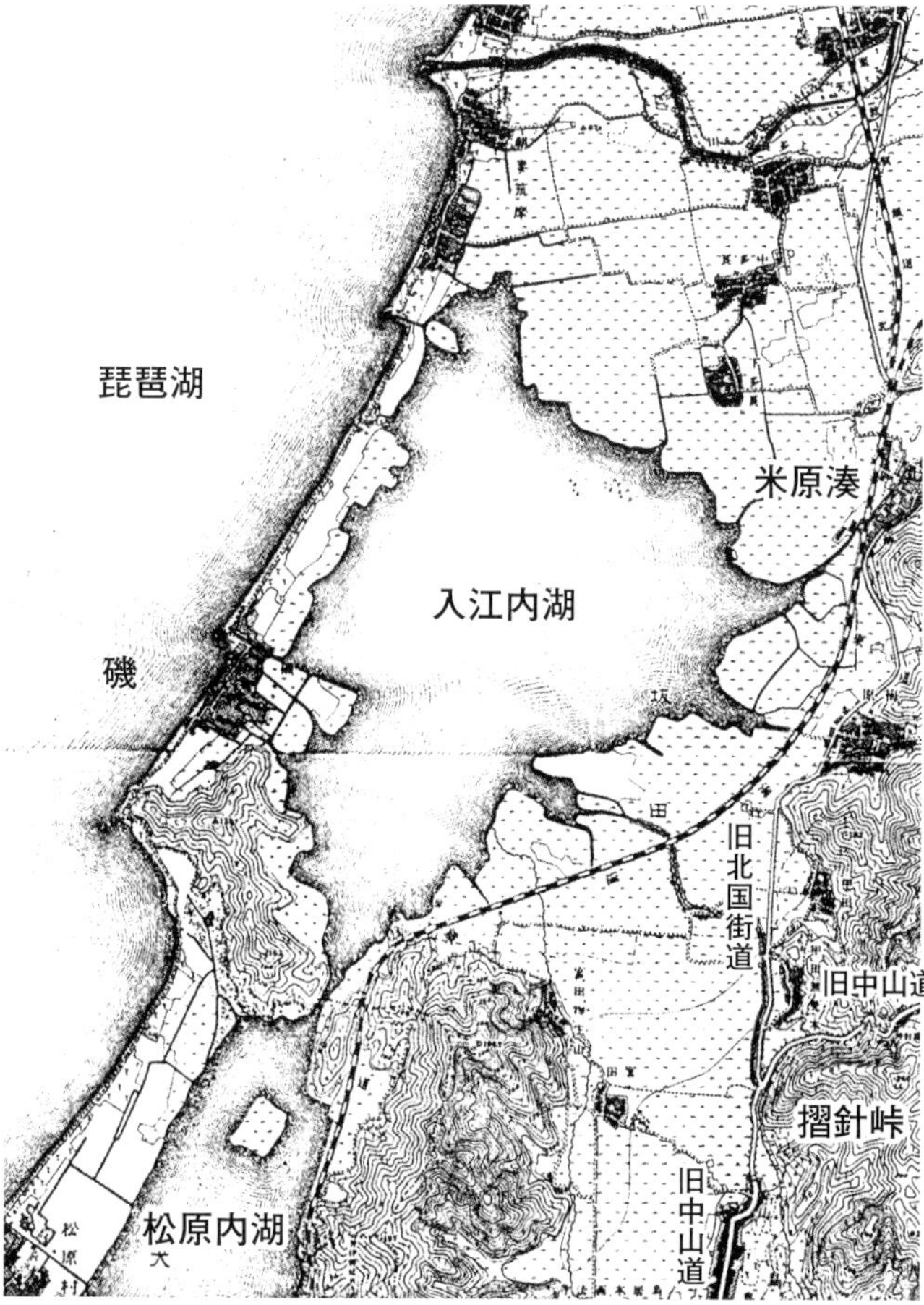

入江内湖と松原内湖（明治28年）
（米原市琵琶湖干拓資料館史料より）

山津照神社

鳰鳥《にほどり》の息長川《おきながかわ》は絶えぬとも君に語らむ言《こと》尽きめやも
馬史国人《うまのふひとくにひと》（万葉集）

山津照《やまつてる》神社はJR米原駅を基準とするなら、その北東の能登瀬地区にある。その地には、息長《おきなが》村があった。いまでは村はないが、その名を継ぐ息長小学校がある。古代の豪族息長氏の拠点であったことは、地名から想像できる。

山津照神社は六世紀の創建かと伝えられ、延喜式にも記載されている古い神社であるが、一躍脚光を浴びたのは、明治十五年のことであった。神社の参詣道を拡幅しようとして、横の土盛りを削ったところ石棺を発見した。そしてそこからは、砕けてはいたが冠が出た。武器や馬具が出た。鏡が三種類（獣文鏡、内行花文鏡、五鈴鏡）出た。祭祀に使われたと思われる土器類、水晶の三輪玉、墳墓の周囲からは円筒埴輪、朝顔型埴輪などが出土した。おおー、やはりここは息長氏の首長の墓であったのかと驚くべき大発見となったのである。

鳥居から拝殿までは広々とした丘陵の上を歩く。横にこんもりと古墳が眠る。

ここが、あの息長の地なのかと想うと、記紀に記された歴史の息づかいを今も感じさせる幸せな空間となる。この地にはこの神社の他にも、息長古墳群と称する幾つかのものがあり、広姫陵もある。

折角ここまで来たので、息長氏についてちょっと復習してみると、古事記にはヤマトタケルの子孫とある。日本武尊《やまとたけるのみこと》（倭建命）は景行天皇の皇子であるが、大和政権に敵対する勢力の制圧を命じられ各地へ赴く。西は九州の熊襲《くまそ》から、山陰の出雲、関東、東北の蝦夷《えみし》などと戦った。西の戦をやっと終えて大和に帰ると、天皇はすぐに東征を命じた。タケルは東征の途上伊勢神宮に立ち寄り、斎宮《いつきのみや》であった叔母の倭媛《やまとひめ》に逢う。そしてその心を語る。何故、父は私を遠ざけるのか、私に死を与えるというのかと、そう言って泣く。倭媛は、いざという時に使いなさいと草薙の剣と秘密の袋を与えて送り出すのであった。東の戦が一段落したその帰途、タケルは、尾張の宮簀姫《みやすひめ》の許に滞在したが、その後伊吹山へと向かう。この時、何故か草薙の剣を宮簀姫の所に置いて行った。だが伊吹山では白い猪に遭遇し、その毒気にあたり、病に倒れる。醒ヶ井の泉で病を癒やすが、ついに三重の能煩野《のぼの》で亡くなる。その時タケルは三十歳であった。あたら若き命をと思うと悲しい。伊吹山も醒ヶ井も息長の地に近く、何か、えにしを感じさせる。

次に神功《じんぐう》皇后であるが、息長足姫尊《おきながたらしひめのみこと》（息長帯比売命）と言われ、仲哀天皇の皇

山津照神社（上）と息長古墳（下）

后となったが、開化天皇の曾孫の息長宿禰《おきながのすくね》王の娘である。仲哀《ちゅうあい》天皇が早く亡くなったので、熊襲征伐、新羅出兵などの戦の指揮を執った。応神天皇の母、仁徳天皇の祖母でもある。

また、息長真手《おきながのまて》王の娘、麻績娘子《をみのいらつめ》は継体天皇へ嫁ぎ、もう一人の娘、広姫は敏達天皇の妃となった。その孫にあたる舒明天皇の諡号《しごう》が息長足《おきながたらし》日《ひ》広額《ひろぬかの》天《すめら》皇《みこと》であり、息長氏が皇系に深くかかわっていたことが分かる。因みに舒明天皇は、天智、天武両天皇の父である。

こうみてみると何だか頭がくらくらしそうだが、その後の歴史の中からは徐々に息長の名は消えてゆく。十一世紀に書かれた更級日記（菅原孝季の女）の中に関東からの上洛の折「近江の国、おきながといふ人の家に宿りて四、五日あり」との記述が目立つくらいであろうか。

さて、冒頭の万葉歌にもどって、息長川とはどこの川なのか、であるが、息長の郷を流れていた川と考えれば、現在の天野川であろうと言われている。万葉集の中には能登瀬川などの記述もあるが、皆天野川のこととされている。一方、万葉集辞典初版（佐々木信綱）には、姉川であるとの記述がある。息長広姫陵は、村居田地区にあり、ここを基準にすれば姉川も近い。

ところで、「息長川」が、思いもよらぬ所で出てくる。

まだ知らぬことなる御旅寝に、息長川と契り給ふよりほかのことなし
（源氏物語「夕顔」）

むむ！　これは何事と考えると、「何のことか分かる？」とからかわれてしまう紫式部の婉曲表現である。先の万葉歌を知らないと意味が分からない。万葉集の編者でもあった大伴家持は政治に翻弄され都落ちの身となる。落胆した彼を馬史国人は河内の自宅へ招き、宴を催して激励した時に詠んだものである。「君とは何時までも話をしていたいよ。たとえ息長川がつきてもね」という友情の歌であるが、源氏物語の中では、男女の相聞歌として、「光源氏と夕顔との愛の語らいは尽きることがないのでした」ということになる。ところが、「旅慣れない光源氏は、息長川と契りを結んでしまわれたのでした」とある。これは夕顔の運命を予言する一文である。上の句「息長川が絶える」とは即ち息が絶える、夕顔の死を暗喩しているのである。

古に栄えた、記紀、万葉集、源氏物語にも登場する息長の名は、ひっそりとはしているが、今でも緑の中に棲んでいるように感じられる。

咲く花は移ろふ時ありあしひきの山菅《やますが》の根し長くはありけり

大伴家持（万葉集）

（注）ヤマトタケル等の人名の漢字表記、かな表記は日本書紀と古事記で異なることが多くある。

（二〇一七年）

だるま寺（龍潭寺、全長寺）

〈**龍潭寺（彦根市）**〉

寺は佐和山の山懐に静かに眠っている。彦根市街からやや北方へ東海道線の踏切を越えて歩くと、大きく比較的新しい建物の並ぶ清凉寺がある。その隣が龍《りょう》潭《たんじ》寺である。鄙《ひな》びた山門をくぐると、道はまっすぐに山へ突き当り上り坂となって佐和山へと入ってゆく。ここは佐和山への登山道となっているのである。小さいリュックを背負った数人とすれ違った。下山してきた人たちであろう。境内は樹木が多く、早春の光を受けて緑苔が美しい。歴史の味わいを感じさせる玄関を入ると冷やりとした空気が体をつつむ。ここは臨済宗の禅寺であり、だるまの寺として知られる。玄関には大小のだるまが列を作って並び、訪れる人を歓迎してくれる。思わず口元がほころびる。そして廊下の角には人間の背丈を越える巨大なものもあり、並んで記念撮影するのも面白い。四月初めに行われるだるま祭りの時には、三千体のだるまが寺を埋め尽くす。

龍潭寺は古く天平五年（七三四）に行基菩薩が遠江国の井伊谷《いいのや》に開基されたと寺

龍潭寺（彦根市）

龍潭寺の鐘楼

の菩提寺である。元の井伊氏の菩提寺である。関ヶ原の戦いに敗れた石田三成に替わって佐和山城主となった井伊直政は、元和三年に井伊谷から昊天《こうてん》和尚を迎えて、この地にも龍潭寺を開山した。二代藩主井伊直孝の室がここに葬られている。昊天の作とされる枯山水、また小堀遠州との合作とされる池泉庭もある。大老となった井伊直弼もこの寺の庭は気に入っていた。

世のなかにすむと濁るの跡もなくこの池水の潔《いさぎよ》きかな

井伊直弼

方丈には森川許六の襖絵があり、躍動する獅子の絵などが楽しい。玄関に戻ると、だるまを売っている。赤一色だと思っていたが、いろいろの色がある。緑色のものがあったので、これは何だと聞いてみた。すると試験合格の祈願用とのことであった。いまさら試験も受けたくないが、色が気に入って我家の玄関に置いてある。このだるまに目が入るのは何時のことなのだろうか。

なお、隣にある清凉寺は曹洞宗の禅寺で、井伊直政他、旧彦根藩主の墓所があり井伊家の菩提寺となっている。

〈全長寺（長浜市）〉

ＪＲ長浜駅を起点として考えると、寺はかなり北方にある。国道八号を北上すると、やがて木之本の町へ出るが、この道はここから左折してトンネルを抜けて琵琶湖岸をはしり、飯浦《はんのうら》から塩津を通り敦賀を目指すので、全長寺に行くには木之本で国道三六五号へ路を換える。木之本の東方には己高山《こだかみやま》があり、こんもりとした山容が美しく近世までは寺院もあり山岳修験の場であった。また国道を挟んで西側には、鏡のように美しい小湖、余呉湖がある。

衣手に余呉の浦風冴え冴えて己高山に雪降りにけり
源　頼綱

友舟も漕ぎ離れゆく声すなり霞吹きとけ余呉の浦風
建礼門院右京大夫

ゆったりとした余呉の景色が詠み込まれている。両手を上げて大きい背伸びをしたくなる。ところが時を下ればここ余呉湖が、周りを巡る山丘に旗指物のひしめく争乱の最中の地になろうとは誰が想像できたであろうか。

国道三六五号を余呉を過ぎて三キロほど行くと左へ入るやや狭い道があり、全長寺への矢印があるのだが、うっかりすると見逃してしまう。この道を入るとじきに寺の駐車場へ着く。尤も最近ではバスでの参詣も可能とする広い道路も整備されている。

車を降りるとそこは花の波である。六月の陽光の中に色とりどりの紫陽花が輝いている。ひとわたり花を楽しみながら本堂へ向かう。

全長寺は寺の縁起を見ると文明元年（一四六九）僧全長が池原村字新堂の地に阿弥陀如来を祀る浄土宗の寺、全長坊を設けたのが開基とされる。その後曹洞宗に転じ、寛政三年（一七九一）に現在の地に堂宇が完成したという。本堂の入り口付近には達磨の目をむいた石像があたりを睥睨《へいげい》している。さらに書院に入ると、また巨大な達磨の掛軸があり、見る者を驚かせる。禅の心は何だろうか。心の拘《こだわ》りを解き離して自由の空間に浮揚する。だるまのひと睨みは一瞬そんなことを感じさせる。庭に目を転ずると丸や三角形を配した石庭があり如何にも禅寺らしい。彩色の美しい十六羅漢も見ものである。また境内には小さい観音堂があり馬頭観音を祀る。万福寺（天台宗）の本尊である。寺はもとは近くの別所山の山頂にあったが、ここに移されたものであり、馬頭観音はこの地方に突出して多い観音像である。

全長寺には、毛受《めんじょう》何某の位牌を祀ってある。その子孫が今も法要に訪れると

全長寺の達磨の石像（上）と石庭（下）

のことである。寺の近くには毛受兄弟（茂左衛門と勝助家照）の墓もある。兄弟は賤ヶ岳の合戦の折り柴田勝家の身代わりとなり、勝家が越前へ逃れるのを助けたのであった。（毛受は「めんじゅ」とも読む）

賤ヶ岳の合戦は、天正十一年（一五八三）織田信長なき後の覇権を争って羽柴秀吉と柴田勝家が対決した戦いであり、余呉湖の周辺が争乱の場となった。福井の北庄《きたのしょう》に本拠を持つ柴田勝家は、雪のおさまる春三月、二万の軍勢をもって出発し、これに佐久間盛政、前田利家らが従った。軍勢は北国街道（今の国道三六五号）を北近江へと進み、柳ケ瀬に本陣を構えた。一方、秀吉軍は賤ヶ岳、大岩山、岩崎山などに桑山重晴、中川清秀、高山右近らを配し対峙した。一ヶ月を過ぎ長期戦の様相を呈してきた所に、秀吉に和していた美濃の神戸信孝が謀反との話が入り、秀吉は岐阜城の信孝を討つべく、戦線を離れ大垣城へ入った。ところがこの間に戦局が動いた。柴田軍の佐久間盛政が大岩山の中川清秀陣に攻め入り砦を占領し中川清秀は戦死した。また岩崎山の高山右近も苦戦を強いられ、岩崎山を撤退した。この知らせを聴いて秀吉は美濃攻めを中断、大垣から馬を乗り継ぎ五時間で木之本に帰還、軍勢一万五千もこれに従った。さらに大津坂本城に居た丹羽長秀の軍も秀吉への支援に加わり、崩れかかった態勢が一挙に盛り返したのであった。こんなに早い秀吉の戦線復帰は予想だにせず、驚いた佐久間盛政は大岩山の砦を捨てて退却を図ったが、秀吉側の追撃を受けて、ついには潰滅的敗走となってしまった。また柴田側に付いていた前田利家は、この戦《いくさ》に利あらずと見て突然軍勢を引き上げてしまった。離反者が続き柴田軍の敗色は濃厚となった。勝家は態勢を立て直し最後の決戦をしたいと考えたが、家臣が止めた。ここは一旦引いて越前で再起を計りなされと。勝家の心は揺れ動く。

やや前置きが長くなってしまったが、ここで毛受兄弟の登場となる。

毛受勝助は柴田勝家の小姓頭をしていたが、勝家に言う。

「殿、その旗印を私にあずけて下さい。私がこの砦を守ります。必ず生還しますから、ご心配なくお往き下さい。」

と申し出たのであった。これで勝家の心もふっ切れた。勝家は

「後を頼む」

と言って断腸の思いで北庄へと退いて行った。勝助は、兄茂左衛門に

「兄上も行って下さい。越前で待つ母上と共に、毛受の家をお守り下さい。」

と勧めたが、茂左衛門は

「母上は武家の義を大切にする人。何故弟を見捨てて帰郷したとて、喜ばれようか。」

と言って砦に残り、共に戦って討死した。時に天正十一年四月二十一日であった。

ここにも兜の下にキリギリスが居た。無残やな。

（二〇一七年）

良疇寺　―びわこ大仏の寺―

米原からJR琵琶湖線で北上すると、車窓からは陽光に輝く水面が見え隠れする。そんな景色を楽しんでいるうちに列車は田村駅を通過し、やがてやや減速して次の駅での停車にそなえる。すると周囲の甍を見下ろして琵琶湖を背にした巨大な仏像が現れ、これは何かと驚くうちに列車は長浜駅へとすべりこむ。この仏像はびわこ大仏と通称される阿弥陀如来立像である。ここに何故にこの像があるのであろうか。良疇寺《りょうちゅうじ》の住職浅野誉山師にお話を伺った。

明治以降欧米列強に追いつくために、日本の近代化は急激に推し進められたのだが、その旗印は殖産興業、富国強兵であった。その結果対外的には多くの軋轢を生じた。日清、日露戦争、韓国併合、そして日中戦争から太平洋戦争へと突入する戦争の時代となった。この地長浜もその埒外という訳にはいかなかった。出征していった兵の少なからぬ命が失われた。遺族は遺骨や遺髪を仏壇に祀り、故人の冥福を祈る日々が続いた。やがてそれらを寺院に納めたいという希望が増え、そんな願いを宗派を超えてかなえたのが、先代の住職、三十世義天和尚である。境内に塚を築きコンクリートの仏像を建て、遺骨、遺髪を塗り込めたのである。それは昭和十二年日中戦争が勃発した年のことであった。

そして戦いの時代は去っていった。約八十八尺（二十六メートル）の像長を持つこの像も風化が進んだので取り壊され、平成六年に青銅製として再建されたので

びわこ大仏（良疇寺）

ある。滋味あふれるその尊顔は、国のために散っていった命の彼岸における再生を約束して、静かに参詣する者へ安心を与えている。

この良疇寺は、鎌倉時代、時の執権北条時頼の庇護の下、弘長二年（一二六二）天山和尚の開基と伝えられる。当時の寺の境内は現在の何倍かの広さであったという。その寺領は今はどこにいったのであろうか。びわこ大仏のすぐ裏を湖周道路が走り、道を越えればその先は琵琶湖である。昔の寺の境内は湖の中にあった。すなわち水没したのである。沖合いの湖底には地上での生活を示す遺構が見られるという。

水中考古学を研究テーマとする滋賀県立大学の林博通名誉教授は天正十三年（一五八五）の大地震のときに水中へと陥没したのではないかと推測する。当時のイエズス会ルイス・フロイスの書簡にも長浜水没の記述がある。またこの地震で、当時山内一豊が城主であった長浜城は大きく崩落し、一豊と千代の間に生まれた幼い与禰姫の命も失われるという悲劇があった。地殻に蓄えられた巨大なエネルギーは、地表を時に隆起させ、時に陥没させる。この良疇寺から波打ち寄せる湖岸を見ると、その波の上にかつて広がっていた緑や生を営む人々の姿が見えてくるのである。

良疇寺から湖岸にそって北へ二キロほど行くと、かつて西浜といわれた地があった。その跡といわれる地には石碑があり、この地にあった西浜村は地震により水没したとある。石碑には室町時代の寛正年間（一四六〇～一四六六）のこととあるので、前述の天正の大地震より百年ほど以前のこととなる。また今から百年ほど前の明治四十二年（一九〇九）には姉川大地震が起こっているし、その以前には岐阜県の根尾谷の大断層をもたらした地震もある（濃尾地震、明治二十四年、一八九一）。姉川の地点と根尾谷を結ぶと山塊を隔ててはいるものの存外遠くないのに驚かされる。

良疇寺の本堂に入ると、また洪水の跡が見られる。堂の幾つかの柱には床上一尺ほどの所に線となって柱の色が変わっているのが分かる。ここまで水が来たことを示している。今では琵琶湖の水位は瀬田の洗堰で調整されているので、大幅な変動は考えられないが、こんな水害もそう遠くない昔（明治二十九年九月一日）には起こっていたのである。その時ほとんど水没していた寺に小舟に乗って檀家の方が助けにきてくれたとの住職のお話であった。

中世には多くの兵馬が駆け抜けた長浜の地であった。国の中の戦が過ぎると外の戦となった。自然の猛威もあった。その中に消えることなく人の営みは続いている。夕日の紅を背に大仏はそれをじっと見守っている。

（二〇一〇年）

花の寺　総持寺

そとおりの光の中の舞遊び天女集えり総持寺《そうじじ》の花

　ＪＲ長浜駅より駅前通りをまっすぐに伊吹山の方へ行くと、織豊時代に活躍した石田三成の生誕の地と言われる石田町となるが、総持寺はその途中にある。通りに沿って朱塗りの円柱を有する門がぽつんとあって、これが大門とか仁王門と言われ、桃山時代の様式を残しているという。寛永十二年（一六三五）の建立である。門を通って少し行くとまた小門があり潜るとすぐ右手に鐘楼があり、正面に本堂、客殿、庫裏などがある。

　総持寺は天平時代に行基菩薩により創建された古刹である。しかし時代の流れと共に荒廃した。室町時代になって、実済法印は後花園天皇に願い出で総持院の号を賜り（永享五年、一四三三）、六代将軍足利義教の支援も受けて寺院を中興した。近隣の有力氏族、小堀、京極、浅井氏などから寄進を受け、その保護の下にあったが、浅井長政と織田信長の激突した姉川の合戦に巻き込まれ、大半の堂宇は焼失してしまった。この戦では徳川家康は近くの勝山に陣を敷いていた。戦乱が収まった後、豊臣秀吉やその後の徳川家からの寄進により再興されたのであった。本堂には、後花園天皇や徳川家の位牌が並んでいる。江戸期には彦根藩の支持する学問所として学僧で賑わった。宗派は真言宗豊山派で地方本山的存在だった。同派は奈良の長谷寺を総本山とする。

本尊は薬師如来である。頭部は平安時代のものであるが、体部は江戸時代の後補である。本尊を納める厨子と須弥壇は、井伊家から寄進されたものである。脇侍に日光、月光両菩薩が立つ。本堂の右奥に聖観音立像が、左奥には十一面千手観音立像がある。共に像長一メートル余であり、平安後期の作とされる。聖観音は目を閉じ黒くすすけているが、落ち着いた雰囲気を漂わせ、左手に蓮華を持ち右手に印を結ぶその指先が優美にやさしい。また十一面千手観音は、やはり眼を閉じている様にみえる。体の中央で合掌し、四十二本の手を持つ。全体のバランスが整った容態は、観る者を吸込ませる優作である。本尊の厨子の後ろには、もう一つの薬師像があり十二神将が周りをお守りしている。何故二つの薬師像なのかは分からないが、長い歴史の産物なのであろう。

客殿には蘭林斎常政の描いた壁画と襖絵がある。唐獅子牡丹の絵は獅子のたてがみは円弧となり尻尾は巴に描かれて、まるでモダンな躍動感を感じさせる。一方この反対側の池泉庭園に面した書院では、襖絵は秋草に鹿、松に鶴の絵柄となり落ち着いた古色を示している。

襖を全て外すと五十畳ほどとなる。太平洋戦争の時の大阪空襲を逃れて、ここに五十余人の学童と教師が疎開したとのことである。こんなことも知る人も少なくなっているだろう。忘却のかなたへと薄れてゆく時の流れである。

さて本題の花の寺に戻ろう。

五月初めの陽光が輝く日、総持寺を訪れると満開の牡丹が迎えてくれる。白、黄、淡い紅、紫などの花は色とりどりに風に揺れて、花弁の一片《ひとひら》一片は光を透して輝き、観る者に微笑《ほほえみ》かける。目がくらくらとして光の酒に酔うと、「これは私よ」と囁く声が聴こえる。「あっ、そとおり姫だ！」と、私は感じた。

そとおり姫は肌が美しく光を放ち衣を透して輝いたという伝説の美姫である。古今和歌集の仮名序に「小野小町は衣通姫《そとおりひめ》の流なり」とある。衣通姫と言われる人は複数居るが、最も知られているのは、日本書紀の允恭紀に記されている衣《そと》通郎姫《おしのいらつめ》である。息長氏の系統で、近江の坂田の郡に母と共に住んでいた。允恭帝に召されたが、七度断った。次に来た使者は、お受けなさるまで帰りませんと庭先に伏したままハンガーストライキに入ること七日、終に姫は允恭帝の妃になることを受け入れたのだったが、しかし、彼女が危惧した通り異母姉にあたる皇后の悋気に悩まされる生涯だった。それはさておき、総持寺は後花園天皇との御

総持寺の牡丹

縁もある。そのためか、衣通姫の囁きの聴こえる牡丹の花園ができた。風に揺れる花はさながら天女の舞である。だが天女たちはだんだん空高く舞い上がってやがて見えなくなる。寺はひとときの華やぎから戻って、また静寧の中に佇む。

そとおりの光映せる花の舞今年も行かんその一瞬《とき》を見に

（二〇一七年）

萩の寺　神照寺

神照《かみてる》の萩に埋もれる古刹かな

長浜市の旧市街の北方に神照《かみてる》地区がある。神照寺《じんしょうじ》はそこにある。古い門をくぐると参道の両側は萩が連なって、まっすぐに本堂まで旅人を案内する。本堂のぐるりも萩で溢れて寺はその中に沈んでいる。

神照寺は寛平七年（八九五）の創建と伝えられる、真言宗智山派の寺院である。足利尊氏も荘園を寄進したという、その盛期には数百坊を有する大寺院であった。本堂の前には江戸期とされる回遊式庭園もありその匂いも僅かに感じられる。しかし時の流れに流されて、往時の面影は全く失せ、ただ残された寺宝のみが余光となって、昔の姿をわずかに垣間見させるばかりである。

境内には収蔵棟があり、ここに歴史的遺産がある。最も貴重なものは「金銀《きんぎん》鍍透彫華籠《とすかしぼりけこ》」（平安後期―鎌倉時代）であり、国宝となっている。銅製の直径三十センチほどの円盤で、宝相華唐草文の緻密な彫りと輝きは、観る者の心を捉えてはなさない。これは京都国立博物館で観ることができる。

神照寺の萩

仏像の中に、非常に珍しいものがある。それは半肉彫り十一面千手観音立像である。像高五十三センチほどのやや小振りの像であるが、百を超す脇手が平らな板材から半分浮き上がった様に彫り出され、本体立像の光背をなしている。これで完成されているのか、半完成なのか、像の前でしばし思案させられるが、彫師の心は澄んで今人を笑う。

他にも寺宝はいろいろあるが、不動明王立像に注目してみたい。二体あるのだが、「見返り不動」と呼ばれる不動は、右足を前に出し、剣を肩に担ぎ、半身を振り返っている。伝統的な彫像スタイルを打破した姿は何を語るのか。また今人は笑われている様な気がする。

神照寺の興亡は、苑一杯の茫々たる萩のみが知っているのであろう。

神照の野辺の秋萩いたづらに咲きか散るらむ見る人無くに

（原歌　高円の野辺の……　万葉集）

（二〇一七年）

花沢のハナノキ

ハナノキを知っているかと問われたことがある。まだ見たことがなかったので、一度見たいと思っていた。何気なくNHKのローカルニュースを見ていたら、東近江市で、ハナノキが咲いたと放映された。それっとばかり、翌日車をとばした。国道三〇七号沿いの北花沢と南花沢に、その木は天然記念物としてある。樹齢も尊い大木で、いわれもあるようで　樹の横に説明の立札がある。南花沢の巨樹は、二〇一〇年に倒壊して、その主幹の一部が御神体として神社の社に祀ってあった。今は代の替わった樹となっている。

北花沢の樹はさすがに太い幹をしていて、樹高も高い。さて花は、と眺めるがどれが花か?　花かんざしとどこかに書いてあったが、何なのか。よく見ると小さい花らしきものが、枝のあちこちにある。これがハナノキの花らしい。何と言えばいいのかのハナノキである。花はもっと大きくなるのかなと思ったが、同行の家内は　もう落花しているものもあるから　こんなものなのだという。全て落葉して葉の一葉もなく、大樹の幹ばかり目立って、花がかすんでいる。それにしても誰がこんな名前を付けたのだろうか。そうだ、やっと思いついた。花の付い

北花沢のハナノキ（東近江市）

た枝を短く切って少女の髪に刺すのだ。すると天然の花のかんざしとなる。この花は樹を飾るのではなく人を飾るのであった。

　この木は愛知県の県木であるとのこと。名古屋在住の友人に、知っているかと聞いてみた。回答は「みんな知らない」と。県の木を決めるのに公募されたが、この木は奥三河に多く自生する。三河の人はこの木を推薦する運動を繰り広げ、大勢の方がハガキを出してついに一位となった。それで、県木となったが、地味な花である。どちらかというと紅葉を楽しむ樹のようだ。県木ということで、名古屋の東山動植物園にはハナノキ広場を作っている。やや育ちにくい樹木の様であるが、県民の努力で　ぼつぼつ増えてきているらしい。こんなことを彼は聞かせてくれた。また、紅葉の季節に駆け付けたい。

（二〇一六年五月）

謡曲街道

逢坂の関、蝉丸神社

〈逢坂の関〉

夜を籠めて鳥の空音ははかるともよに逢坂の関はゆるさじ
清少納言（後拾遺和歌集、枕草子）

男は京から近江へ出張した。仕事が長引いて、逢坂の関まで帰ってきたが、夜となり関は閉まっていた。一所懸命鶏の鳴き声を真似て、声を張り上げたのだけれど関は開かなかった。それで貴女の所へ行けなくなってしまいました。などと書いて女のもとに文を遣わした。女は想う。仕事だなんて、どうせ遊んでいて遅れたのでしょ。そんな嘘は許しません。そこは逢坂の関なんですから、函谷関みたいに鶏の声で開く訳はありませんでしょ。

などと解釈してみたが、意味深長の歌だから読む人各々自分だったらこう思うけど……と考えてみるのも楽しい。

中国の函谷関の故事を上手く取り入れ、逢坂の関と男女の逢瀬を掛ける。面白い歌が出来上がった。故事を知らないと、何のことやら分からないだろう。この歌をもらった大納言行成は喜んで、この歌を公卿連中に回覧してしまったなどと誇らしげに彼女は書いている。この辺りの事情は枕草子にくわしい。

折角だから、逢坂の関から函谷関へ寄道をしてみよう。

時は紀元前三世紀頃、中国の春秋戦国時代の話である。斉の人孟嘗君《もうしょうくん》はその才を乞われて秦の宰相となった。しかしこれを妬む者が王に讒言《ざんげん》する。「彼は必ず秦を滅ぼす」と。身の危険を感じた孟嘗君は或る日、故郷斉へ帰るべく脱出をはかる。函谷関まで来たが夜となり関は閉まっていた。追手が迫ってくるのではと焦るが、掟では、鶏が鳴くまで関は開けられない決めであった。困った孟嘗君だが、部下から助っ人が現れた。声色の名人が居たのである。彼が鶏の鳴き声を出すと、眠っていた鶏たちは驚いて一斉に時を告げた。関は開き孟嘗君は脱出に成功した。(史記　孟嘗君伝)

この故事には、清少納言のみならず当時の公卿たちは、こりゃ面白い話だわと大いに楽しんだに違いない。

（三条右大臣の歌碑）

名にしおはば
逢坂山のさねかづら
人に知られで
来る由もがな

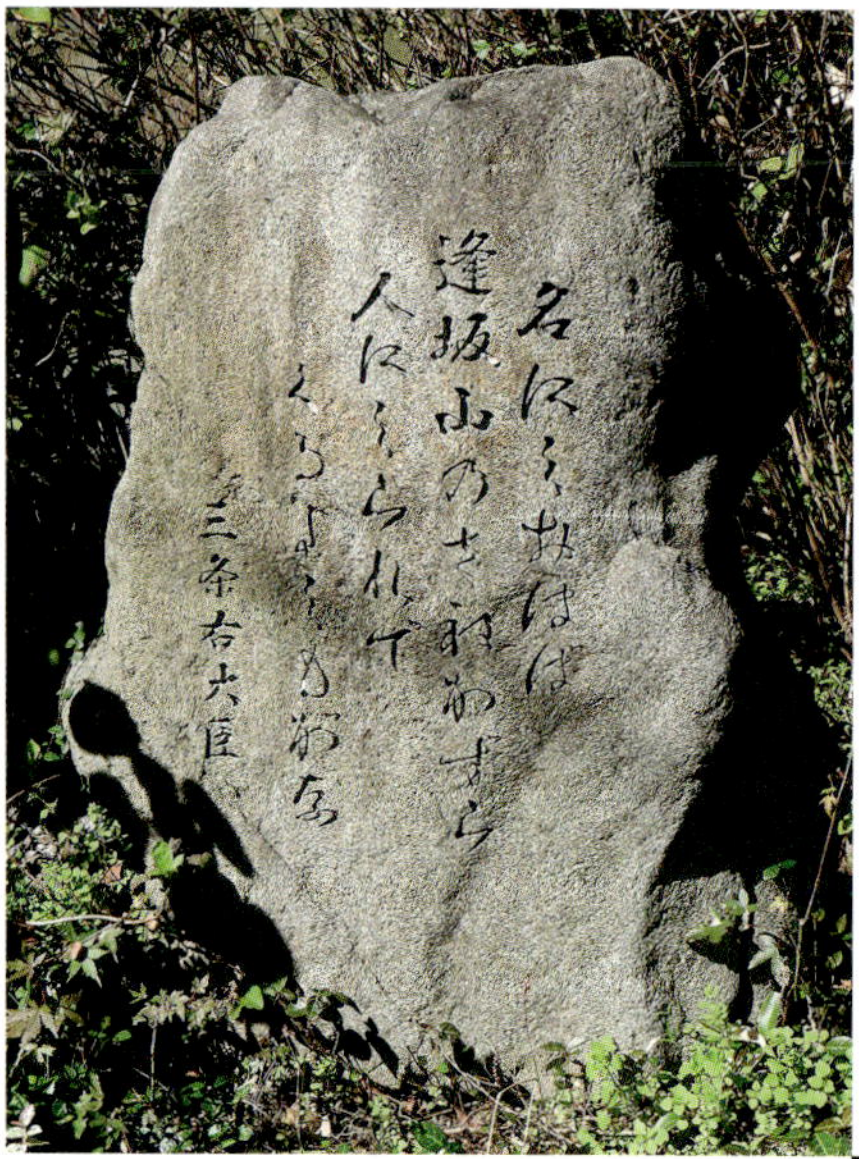

三条右大臣の歌碑

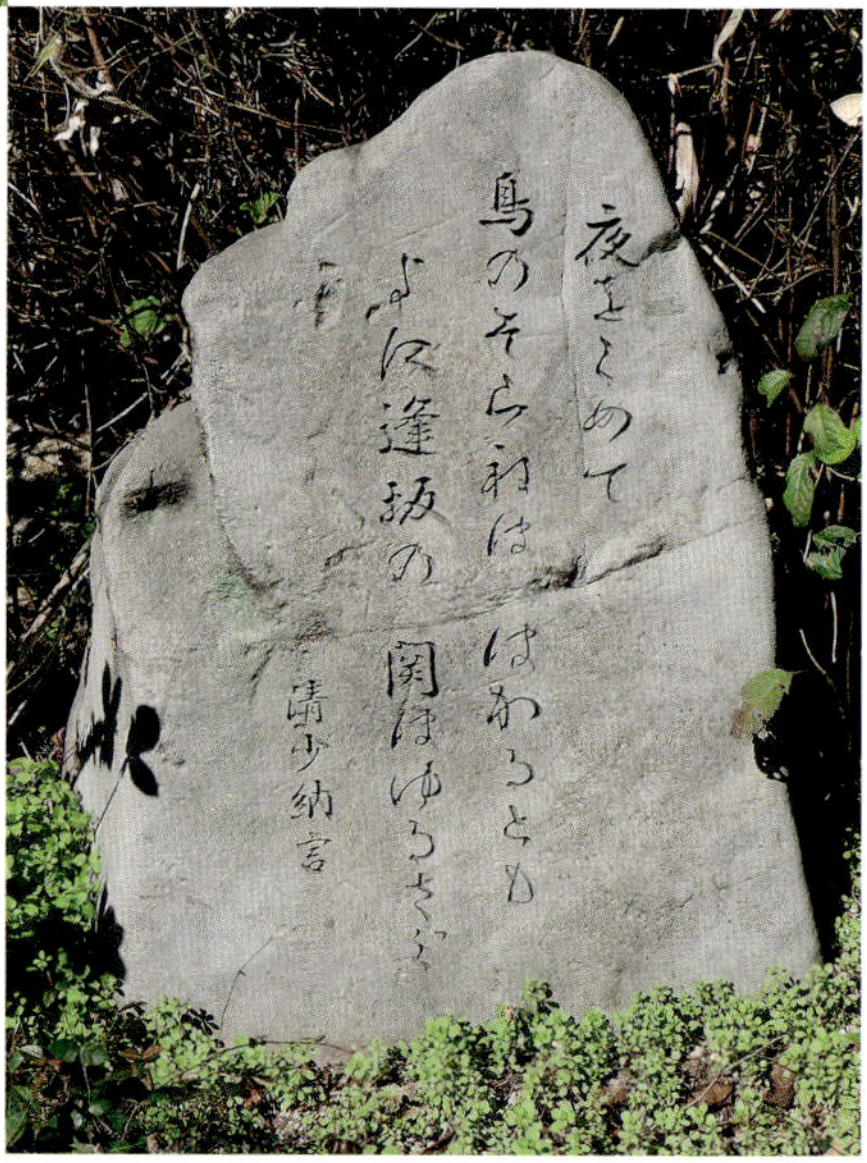

清少納言の歌碑

（清少納言の歌碑）

夜を籠めて
鳥のそら音ははかるとも
よに逢坂の関は許さじ

さて話を逢坂に戻すと、京都から国道一号（東海道）を山科にぬけると四宮あたりからだらだらの上り坂となり逢坂峠に出る。越えれば大津へと下ってゆく。関は峠付近にあったらしいが、関跡ははっきりしない。しかし何もないのも残念と、交通の邪魔にならない所に石碑はある。古来、畿内を東からの守りとして関は置かれていたが、日本後記によると平安遷都後一旦関は廃止される（七九五年）。しかし時々の事情により復活もしたらしく、多くの和歌が詠まれている。

〈蟬丸神社〉

これやこのゆくも帰るも別れてはしるも知らぬも逢坂の関

蟬　丸（後撰和歌集）

往く人来る人、知る人と知らない人、別れもあれば出会いもある。これやこのと軽やかに詠い出して、リズミカルな名歌が生まれた。往時の関の賑わいが目に浮かぶ。その中に別れの一句がさりげなく人の世の非常を暗示する。

蟬丸は生、没年不明であるが、仁明帝または延喜帝の頃の貴人に遣える僧であったらしい（おおむね九〇〇年前後か）。老境に入り逢坂に庵を結んだ。前記の歌は関

関蝉丸神社

に行き交う人を見て詠んだものである。この歌のほかにも二、三首が勅撰和歌集に取り上げられているので、歌人としても評価されていた。また琵琶の名手でもあった。この辺りから蝉丸のイメージが急展開する。歌人にして僧侶、琵琶の名手、都を離れて逢坂に閑居する。これから、盲目の琵琶法師のイメージが出来た。そして平家物語海道下りの一節が生まれた。これをベースに謡曲蝉丸は書かれている。

謡曲では蝉丸は延喜帝の第四の皇子となっている。つまり逢坂峠の麓の四宮とかけてある。この皇子は生来盲目であった。ある日都を離れて逢坂山に捨てられる。身に着けるものは蓑と杖と琵琶であった。毎日琵琶を弾いて昔を想う中に、姉の逆髪《さかがみ》が訪ねてくる。盲目であっても姉の声は忘れていない。束の間の再会であったが、再び姉は去り、蝉丸は一人とり残されるという悲しいストーリーである。謡曲の中から逆髪が蝉丸に会いにゆく道行の詞章を見てみたい。

「花の都を立ち出でて、憂き音に鳴くか加茂川や、末白川をうち渡り粟田口にも着きしかば、……関の此方と思いしに後ろになるや音羽山の名残惜しの都や。……松虫、鈴虫、きりぎりすの鳴くや夕暮れの山科の……逢坂の関の清水に影見えて、今や引くらん望月の駒の歩みも近づくか、水も走井の影見れば……」

こうして逢坂にたどりついた逆髪は、琵琶の音に曳かれて蝉丸の住む藁屋を見

蝉丸の歌碑

出すのであった。

伝説の多い蝉丸であり、逢坂山には幾つかの蝉丸神社がある。大津駅に近い関蝉丸神社には、謡曲を奉納した記念の額などが飾られている。

引用した謡曲の中にもあるが、

逢坂の関の清水に影見えて今やひくらん望月の駒
紀　貫之（拾遺和歌集）

昔、八月十五日に諸国から馬を天子に献上する駒迎えの行事があった。逢坂の関で官人への引き渡しが行われたことを詠んでいる。また関の手前の走井の清水も有名であった。今は月心寺となっている所である。

逢坂の峠を過ぎればいよいよ琵琶湖である。心が浮き浮きとしてくる。

相坂をうち出てみれば淡海の海白木綿花《しらゆうはな》に波立ちわたる
（万葉集）

（二〇一六年）

関寺

侘びぬれば身を浮草の根を絶えて誘う水あらば往《い》なんとぞ思ふ

小野小町（古今和歌集）

男は都をはなれて地方に赴任することになった。女のもとに文を遣わす。しばらく任地へ行ってきますが、何なら一緒に行きませんかと。女は和歌で返事を送る。私いまちょっと寂しいの。誘って頂けるなら行ってもいいわよと。こんな返事を小町からもらった男は、ワクワクと喜んだに違いない。だが小町が一緒に行くことはなかった。

この歌をみた世の小町ファンの男たちは大いに驚いた。わが愛する小町が「誘ってくれるなら行くよ」なんて、そんなことはあり得ないと怒る。これは男をからかっている歌だとか、承諾にみせて婉曲に断っているのだとか、だって「いな」という言葉を折り込んであるでしょとか。相手の男の官位が低いから小町には釣り合わないよ。歳の差もあるなどと喧々諤々。真相は藁屋に座っている小町に聞いてみるとしようか。

「皆さん悩んでいるみたいね。ウフフ。もう千年も経っているのに。男って……」最後の方はちょっと聴きとれなかった。小町の男心をくすぐる巧みな言葉づかいというべきか。

関寺《せきでら》は逢坂峠を大津の方に下がった所にあった。逢坂関の隣だったのでこの名が付いた様である。平安時代には関寺大仏もあり、朝野の信仰を集めたとある。ところが天延四年（九七六）の地震で破壊してしまった。それを恵心僧都源信とその弟子たちの努力により寛仁二年（一〇一八）から治安二年（一〇二二）にかけて復興されたが、その工事のために京都清水寺から寄進された役牛が活躍した。そしてこの牛は仏の身代わりだと夢のお告げがあったという人も出てきて人気をあつめ、牛の死後五重の立派な供養塔を造ったという。ただその後戦国時代になると、関寺も荒廃し牛塔も潰滅してしまった。江戸時代に元禄のころ、この地に長安寺が建てられたが、関寺の往時の隆盛とは比べるべくもない。牛塔の一部も発掘されて残っている。円くずんぐりとして如何にも牛に相応しい。

この関寺であるが、小野小町が晩年に住んだという伝説がある。これを基に能楽では最奥の秘曲とされる関寺小町の演目がある。謡曲の詞章などを所々引用しながら筋をおってみよう。

小野小町供養塔（関寺小町にちなんで。大津市長安寺）

関寺の牛塔（大津市長安寺）

今日は初秋の七月七日星の祭りの日である。関寺の住職は七夕の祭りをしたいと思う。そういえば近くの庵に老女が住んでいるが、歌道を究めたと言っていた。子どもらを集めてその話を聴かせてみようと考えた。

庵に着くと粗末な藁屋の中に坐った老女が謡う。

「花は雨の過ぐるによって紅まさに老いたり。鶯の百《もも》さえずりの春は来れども昔に帰る秋はなし。……」

僧は老女と和歌の談義を始める。

「近江の海の楽浪《さざなみ》や、浜の真砂は盡くるとも、詠む言の葉はよも盡きじ。時うつり事去るとも、文字あらば歌の命は盡ることなし……」と老女。

僧 「我が背子が来べき宵なり……」は

老女「古の衣通姫《そとおりひめ》の御歌なり。」

僧 「身を浮草の根」は

老女「これはあることで気が沈んでいた時に、文屋康秀が三河の守になって下るとて、田舎にて心をも慰めよかしと誘ってくれたので詠んだ歌。今でも行きたいと思う。忘れてしまった昔のことを、思い出すと悲しくなる。」

老女は百歳を経た小野小町の姿であった。僧は老女を庵から連れ出し、今日は七夕とて、老女に酒をふるまい子どもの踊りを見せる。すると老女は子らの舞に引かれる様に昔日を想い起して舞い始める。

「百年《ももとせ》は花に宿りし胡蝶の舞。あはれ老木の花の枝、さす袖も……」

歳を忘れて舞い続けるが、秋の夜も短く関寺の鐘もなった。老女はこれまでと暇《いとま》を告げ、よろよろと杖に縋ってまた藁屋へと帰ってゆくのであった。

若く美しかった昔日も今は輝きを失った。老残の小町は我々の姿でもある。


この能を見に行った。

能は静かに終わった。主役のシテ方が退出し、続いて子方やワキ方が、謡方、囃子方が退出し、舞台には誰も居なくなった。観客は席を立たずに、空になった舞台に静かな拍手を送った。

能は余韻の芸術である。老女のよろめきながら退場する姿は、人生からの退場を象徴する。小町の心の寂寥を観客は己に重ねる。後戻りできない人の命の空虚を舞台に残して演者は去って行く。観客はその余韻に拍手を送る。

色見えでうつろふものは世の中の人の心の花にぞありける
小野小町(古今和歌集)

(二〇一六年)

三井寺

逢坂の峠を越えると道は浜大津の港へとまっすぐに下がって行くが、国道一号（東海道）は途中で右折し、石山から瀬田川を渡って草津へ向かう。一方、逆に道を左へ入ると長等公園に出て、その先は三井寺である。長等山は古来花の名所として知られているが、山麓の三井寺も春には花の中である。

雪ならばいくたび袖を払はまし花の吹雪の志賀の山越え
中務卿　（六華和歌集）

三井寺（園城寺）の創設は天智天皇の計画と言われるが、その後の壬申の乱で中断し、後、天武朝になり「長等山園城寺」の勅額を賜ったのが始まりという。時に六八六年であった。寺内に名泉があり、天智、天武、持統天皇の産湯に用いられたので、御井《みい》の寺と呼ばれ、それが三井寺になったとのいわれがある。

さて、最澄が開山した比叡では、二人の秀僧が競っていた。円珍と円仁である。貞観八年（八六六）三井寺は延暦寺の別院となっていたが、対立の激化する中で、

愛読者カード

ご購読ありがとうございました。今後の出版企画の参考にさせていただきますので、ぜひご意見をお聞かせください。なお、お答えいただきましたデータは出版企画の資料以外には使用いたしません。

●書名

●お買い求めの書店名（所在地）

●本書をお求めになった動機に○印をお付けください。

1．書店でみて　2．広告をみて（新聞・雑誌名　　　）

3．書評をみて（新聞・雑誌名　　　）

4．新刊案内をみて　5．当社ホームページをみて

6．その他（　　　）

●本書についてのご意見・ご感想

購入申込書

小社へ直接ご注文の際ご利用ください。
お買上 2,000 円以上は送料無料です。

書名	（　　冊）
書名	（　　冊）
書名	（　　冊）

郵 便 は が き

お手数ながら切手をお貼り下さい

5 2 2-0 0 0 4

滋賀県彦根市鳥居本町655-1

サンライズ出版 行

〒

■ご住所

■お名前《ふりがな》　■年齢　歳　男・女

■お電話　■ご職業

■自費出版資料を　希望する ・ 希望しない

■図書目録の送付を　希望する ・ 希望しない

サンライズ出版では、お客様のご了解を得た上で、ご記入いただいた個人情報を、今後の出版企画の参考にさせていただくとともに、愛読者名簿に登録させていただいております。名簿は、当社の刊行物、企画、催しなどのご案内のために利用し、その他の目的では一切利用いたしません（上記業務の一部を外部に委託する場合があります）。

【個人情報の取り扱いおよび開示等に関するお問い合わせ先】
サンライズ出版 編集部　TEL.0749-22-0627

■愛読者名簿に登録してよろしいですか。　□はい　□いいえ

ご記入がないものは「いいえ」として扱わせていただきます。

正暦四年（九九三）円珍は袂を分かって山を下りる。三井寺は比叡山から独立するが、同じ天台宗の中で、山門（比叡山）と寺門（三井寺）として対立することとなる。両派の対立抗争に加えて源平の争乱もあり、三井寺は幾度もの戦火の中に荒廃する。さらに、豊臣秀次の事件に関与した疑いがあるとして、多くの堂宇が破壊され、存亡の危機もあった。再建が許されたのは、慶長三年（一五九八）秀吉の死の直前のことであった。

歴史の古い寺院である。多数の国宝や重要文化財を有する。建築物では、金堂、勧学院、光浄院の客殿が有名であり桃山時代の造りを見せる。それらの中でも三井の梵鐘は音色の美しいことで知られている。打ってみると、やや高く柔らかい音が人の心を暖かく包み込む。

謡曲（能）三井寺を覗いてみよう。別れた母子が三井寺の鐘のおかげで再会する譚である。

女が一人、跪いて祈る。所は清水寺である。

「南無や大慈大悲の観世音、憐れみたまえ。思い子の行く末何となりぬらん」

女は駿河の国に住んでいたが、子どもがかどわかされる。人さらいである。子の母は狂乱して子どもを探しまどい京都まで出てきたのであった。

女は祈る中で少しまどろむが、その夢の中で、「子に逢いたくば、三井寺に行け」

と、誰かに告げられた様な気がした。女は三井寺に急ぐ。

「秋も半ばの暮れ待ちて　月に心や急ぐらん」

　今日は八月十五日、名月の夜であった。三井寺に住む僧は皆を集めて境内で月見をしたいと思う。幼い人も居るからと、町の者に余興などをやらせている。そんな最中に女は三井寺に着いた。折しも鳴った鐘の音に、

「面白の鐘の音やな。わらわも鐘を撞《つ》くべきなり」

と、止める僧を振り払い、

「月には乱るる心あり。許したまへや人々よ……」

と、鐘を敲く。

「初夜の鐘を撞く時は、諸行無常と響くなり。」

「後夜《ごや》の鐘を撞く時は、是生滅法《ぜしょうめっぽう》と響くなり。……」

　ひとわたり鐘を撞くと、女は撞木の紐を捨て、鐘楼から下りると月を愛でて舞い始め、

「秋の夜すがら、月澄む三井寺の鐘ぞさやけき」

と舞いあげる。僧の連れていた子は、それを見て女が母であることに気付く。そして親子の再会をはたすことが出来たのであった。

「鐘ゆえに逢う夜なり、三井寺のうれしき鐘の声かな」

母は子の肩に手を掛け、鐘楼を見上げて涙をぬぐって、能は終わる。

三井寺の名鐘を題材にした名曲である。僧の止めるのも聴かず勝手に思う存分鐘を撞いてしまう母親の強さは爽快さを感じさせる、ハッピーエンドの能である。

義仲寺　―巴と兼平―

木曽殿と背中合わせの寒さかな　又玄《ゆうげん》

ＪＲ膳所駅から北へ歩くと旧の東海道に出る。その街道沿いに義仲寺《ぎちゅうじ》はひっそりと建つ。これかと思うばかりの小寺である。寺の栞によると、寿永三年（一一八四）に粟津が原で木曽義仲は討死したが、その墓を木曽塚とし、巴御前の後身の尼が無名庵として守ったのが始まりと、鎌倉後期の記録に見られるという。室町時代には六角氏が義仲の供養を行い寺を整備し、石山寺の末寺とした。その後近世になって三井寺の系列に属したこともある。江戸に入ってから堂宇の大修理を行ったが、その頃松尾芭蕉はしばしばこの寺を訪れている。芭蕉はこの地を大いに気に入っていた様で、大坂に客死した後遺言によりこの寺に葬られた。寺は、安政の火災、明治の琵琶湖洪水等で被害を被り、荒廃し潰滅の危機に瀕したが、昭和四十年から復興整備が行われ、独立寺院として現在の姿に至っている。境内には芭蕉がかつて滞在したとされる無名庵も再建されており、また蕉門の句碑が多数見られる。

義仲寺の寺門（上）、芭蕉の墓（下）

（義仲寺内の句碑）
行く春を近江の人と惜しみけり　芭蕉

〈木曽義仲〉

木曽義仲は五万の兵をもって信濃を出発した。倶利伽羅峠、篠原の戦いで平家の大軍を撃破し、たちまち京都へと迫って行った。この勢いにのまれた平家一門は、京都を後にして福原へ後退、さらに西国へと落ちていった。義仲は易々と都を制覇してしまった。この快進撃には、敵も味方も驚いたに違いない。

義仲は朝日将軍の称号を院宣として賜るが、やがて、その傍若無人の振舞いや軍兵の狼藉に、貴人の心は離れ、木曽を鎮めよとの要請を受けた鎌倉方と対峙することとなってしまった。源平の戦は源氏対源氏の戦いに変わったのである。木曽の軍勢は、鎌倉から派遣された範頼、義経の軍と瀬田、宇治で合戦となるが、数に劣る木曽方は大敗する。義仲は京都を脱出し、近江路を北上して北陸へ逃げようとする。頼みの武将今井兼平《かねひら》とは合流を果たしたものの、終に粟津が原で討死する。

さて、木曽義仲を主題とする謡曲は、「木曽」、「巴」、「兼平」がある。「木曽」は、倶利伽羅峠の戦いの戦勝祈願を描いたものであり、舞台は越中である。

ここでは近江の粟津が原が舞台となる「巴」と「兼平」をひもといてみる。

木曽義仲の墓（上）と巴御前の供養塚（下）

謡曲　巴

木曽の山家の僧が、都の見物に行く。その途中に江州（現在の滋賀県）琵琶湖のほとりの粟津が原に着くと、松原の神社で神に祈りながら涙を流している女に出会った。何とやさしい人だなと女と話すうちに、お僧はどこの国の人かと問われた。木曽の国の者というと、この粟津が原の神こそ木曽義仲ですよ、どうぞ拝んで下さいと言う中に姿は掻き消えてしまった。僧は日暮れる粟津が原で弔いの経を読む。「露を片敷く草枕、日も暮れ夜にもなりしかば、粟津が原のあはれ世の、亡き影いざや弔はん……」と僧が祈るうちに、

「落花空しきを知る。流水心無《の》うして自《おの》づから、澄める心はたらちねの……」と詠って、最前の女が長刀を携えた武者姿で現れた。巴御前だったのである。そして巴はその心を語る。

ここ粟津の汀で義仲は討死した。巴は最後までお供をして自分も死ぬ覚悟だったが、義仲からお前は女だからだめだ。形見を持って信濃へ帰れと言われてしまった。誰も名を惜しまない人はないのに、一人生きて木曽に帰るそのつらさは恨めしく、大きい心残りとなってしまったと。

僧に乞われるままに、巴は義仲の最期の有様を詳しく話す。

頃は睦月、雪はまだら模様に残っている。義仲は汀に向けて落ちてゆく。とこ

ろが馬は薄氷張る深田に踏み込んでしまった。馬は足をとられ鐙まで沈み鞭を打っても動かなくなった。巴は駆け寄って義仲を見ると、深手を負っている。馬を替えて松原へ運び、ご自害なされませ、巴も共に参りますと申し上げたのだが、義仲はお前は女だ。うまく忍んで逃げ延びよ。形見の小袖を木曽へ届けるのだ。この命に背けば三世の縁を切るといわれ、巴は涙にくれるばかりであったのだった。

ふと立ち上がって見ると、敵が大勢向かってくる。逃れる術《すべ》はないと見て、巴はこの一戦に喜んで立ち向かった。わざと長刀を短く持って敵を近づけ、切ってくるところを柄を繰り出して四方払いに八方払い、一方を打つと見ると、木の葉のように翻って他方を打った。嵐の中の花のように、刃は煌めいて瀧の波となって迫ると、敵は切りたてられて逃げ失せてしまった。

巴が松原に帰ると、義仲は既に自害して果てていた。枕元には小袖と肌のお守りが置いてあった。巴は涙の中に亡骸に暇乞いをして、烏帽子、具足を脱いで、小袖を被り義仲の佩《は》いていた小太刀を衣に隠して、一人木曽へと落ちていった。その後ろめたい想いが心残りとなって苦しむ自分を弔って欲しいと僧に語るのであった。

「涙と巴は唯一人、落ち行きし後ろめたさの執心を弔《と》いて賜《た》び給へ、執心を弔いて賜び給へ」

幕の前に巴は立ちつくして、能は終わる。

謡曲　兼平

今井四郎兼平の塚はＪＲ石山駅から粟津の方に少し歩いたところにある。この謡曲では、白刃骨を砕く兼平の壮絶な最期を謡う。

木曽の僧が義仲の最期となった粟津が原に行き、その跡を弔いたいと思った。信濃路から野宿などを重ねて近江路に入り、八橋《やばせ》の渡しに着いた。ここから対岸に渡りたいと考えた僧が舟を捜していると、柴を積んだ小舟を見つけ、頼み込んで乗せてもらった。湖は穏やかで景色がよい。船頭に聴いてみると、あれこそ比叡山、王城の鬼門の守り、八王子の峰も戸津坂本の人家もよく見えますねなどと

（又玄の句碑）

木曽殿と背中合わせの寒さかな

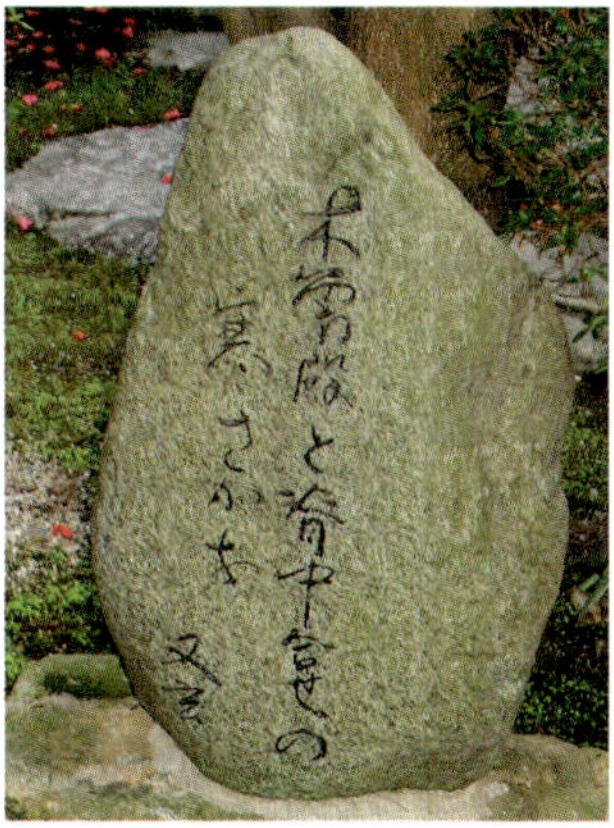

語り、仏教の談義などをするうちに舟は粟津へ着いた。陸へ上がったが船頭の姿は見失ってしまった。

僧は粟津が原で故人の回向をする。

「露をかたしく草筵《くさむしろ》。露をかたしく草筵。日も暮れ夜にもなりしかば、粟津の原のあはれ世の。亡きかげいざや、弔はん亡きかげいざや弔はん」

すると甲冑を着けた武人が現れて謡う。

「白刃骨を砕く苦しみ。眼睛を破り、紅波楯を流す粧ひ。簗杭《やなぐい》に残花を乱す。雲《く》水《みず》の粟津の原の朝風に鬨つくり添ふ声々に、修羅の巷《ちまた》は騒がしや」

僧が驚いて問うと、自分は今井四郎兼平であると答え、柴舟の渡守とみえたのも我が姿だったのだという。そして僧の力でこの舟を御法《みのり》の舟にして自分を彼岸へ渡して欲しいのだと語る。

兼平はその最期の有様を話し始めた。

「槿花一日の榮、弓馬の家にすむ月の、わづかに残る兵の七騎となりて木曽殿は、この近江路に下り給ふ」

その後兼平は瀬田から合流して三百騎ほどとなったが、度々の戦で敗れ、主従二騎となってしまった。最早これまでと粟津の松原にてご自害なされと勧めて、後ろを見れば大勢の敵が追ってくる。自分は楯にと引き返すと義仲は俺もというのを、兼平は諌め、義仲は心細くも唯一騎粟津が原の松原さして落ちていった。頃は睦月の末、比叡の山風の吹き下ろす、白雪の積る薄氷の深田に馬を駆け落とし、引けども上がらず打てども行かぬ駒の上、兼平が行方は如何にと振り返れば、いずこからか飛んだ矢が、兜の内をからりと打つ。義仲たまらず落馬してここに遠国の土に還ったのであった。

兼平はそうとも知らず戦っていたが、最後までお供出来なかったことは気掛りだった。その時、木曽殿討たれたりとの敵の声が聞こえた。兼平はここが最期の戦場《いくさば》と、大音あげて木曽殿の御内《みうち》、今井の四郎兼平と名乗り、大勢の中に割って入り、磯打つ波のまくり切り、蜘蛛手十文字に打ち破り、これぞ自害の手本よとて、太刀を銜《くわ》え逆様に落ちてつらぬかれ失せた。その兼平の最期は目を驚かす有様だった。

木曽義仲と共に最期まで戦った二人、巴と兼平、その生き様、死に様は能となって今も人の心を打つ。その舞台が粟津だったのである。今、その地に来てみると住宅や企業の建物に溢れて、原もなく田もない。

粟津野に深田も見えず秋の月　（露城）

了

石山寺　―源氏供養―

石山の石にたばしるあられかな　　芭蕉

ＪＲ石山駅から京阪電車に乗り換えれば、じきに終点の石山寺に着く。電車を降りて、瀬田川沿いに十五分程歩くと東大門に出る。この山門は源頼朝の寄進と伝えられており、そこにはいろいろな額が掲げてあるが、その中で注目したいのは淀君の名を記したものであろう。彼女は戦乱で荒れた山門や堂宇の修復を支援した。

境内に入って真直ぐに行けば無憂園という庭園に行き着くのだが、その前に右手に登る石段がある。そこを上がった所に本堂があり、如意輪観音を祀る。また天然記念物となっている硅灰岩の巨石の横を上って行くと鎌倉時代の建築である多宝塔が優美な姿を見せる。さらに、ゆったりとした坂を巡ると鐘楼、月見亭、芭蕉庵、豊淨殿などの建物があり、四季折々の花や紅葉を楽しんで散策したい所である。近江八景の一つに「石山の秋月」があるが、月見亭は瀬田川を見下ろす高台にあり、月見に絶好としてこの名がある。

都にも人や待つらん石山の嶺にのこれる秋の夜の月

長能（新古今和歌集）

石山寺の沿革

天平十九年（七四七）聖武天皇の命で建立されたと伝えられる。天平宝宇五年（七六一）から僧良弁が主導して増改築を行った。本堂は承暦二年（一〇七八）火災にあったが、永長元年（一〇九六）に再建されている。さらに慶長七年（一六〇二）には淀君の寄進で外陣などが修補された。本堂には源氏の間と称する部屋があり紫式部の人形がある。多宝塔、鐘楼、東大門は鎌倉期の建築であり、多宝塔（一一九四年建立）には大日如来を祀り、塔内には装飾された仏画が美しいが、通常は参観できない。真言宗の密教寺院である。

紫式部の参詣

伝承では紫式部は石山寺に籠って、源氏物語の構想を練ったとか、一部を書いたなどと言われている。しかし、紫式部日記にも歌集にも石山寺に関する記述はないので、何とも言い難い。このミステリーを散歩してみることとする。

石山詣

古い記録では延喜十七年（九一七）宇多法皇の参詣がある。正暦三年（九九二）には藤原道長の姉東三条院詮子、その後に藤原行成、道長などの参詣の記録もある。観音信仰の流行とともに、宮廷の女人たちの間でも観音堂に参籠して読経して過ごすことも流行った。現在の霊場めぐりのはしりであろうか。その中に紫式部が居ても不思議ではないのだが、ちょっと当時の石山詣の様子を覗いてみると……

〈和泉式部日記〉

「八月にもなりぬれば、つれづれもなぐさめむとて、石山に詣でて、七日ばかりもあらんとて詣でぬ。」

こんな真面目に参詣している中にも文を送ってくる人がいて、いったい誰なの？　とふざけて歌を返してやった。

あふみぢは忘れぬめりと見しものを関うち越えて問ふ人やたれ

あふみぢは、近江路と逢う道をかけてあるとか。まるっきり物見遊山の感じである。関は勿論逢坂の関。

〈蜻蛉日記（藤原道綱母）〉

「いと暑きほどなりとも、石山に十日ばかりと思ひ立つ。……関うち越えて打出の浜に死にかへりていたりたれば、舟に菰屋形引きてまうけたり。はひ乗りたればば……申の終りばかりに寺の中につきぬ。……夜うち更けて外のかたを見出したれば、堂は高くて下は谷と見えたり。二十日月いと明く、麓にある泉は鏡のごと見えたり。草の中にあやしき声するを、こはなにぞと問ひたれば鹿のいふなりといふ。……夜の明くるままに見やりたれば、東に風はいとのどかにて、霧たちわたり、川のあなたは絵にかきたるやうに見えたり。」

天禄元年（九七〇年）のことである。風景描写が瑞々しい。

〈更級日記（菅原孝標女《すがわらのたかすえのむすめ》）〉

「霜月の二十余日、石山に参る。雪うち降りつつ、道のほどさへをかしきに、逢坂の関を見るにも、昔越えしも冬ぞかしと、思い出でらるる。そのほどもいと荒らう吹いたり。

逢坂の関のせき風ふく声は昔聞きしに変はらざりけり

暮れかかるほどに詣で着きて、御堂に上るに人声もせず、山風おそろしう覚えて、三日さぶらひてまかでぬ。

二年ばかりありて、また石山に籠りたれば、よもすがら雨ぞいみじく降る。蔀をおしあげて見れば、有明の月の、谷の底さへ曇りなく澄みわたり、雨と聞こえつるは、木の根より水の流るる音なり。

谷川の流れは雨と聞こゆれどほかよりけなる有明の月

孝標女は、寛弘五年（一〇〇八）の生まれであり、少女時代は父の任国、上総で過ごしたが十三歳の頃上洛する。源氏物語は既に流布しており、親類を通して入手した源氏物語五十余巻を読み暮らす文学少女であった。光源氏や薫大将のような人に一生で一度でもめぐり合いたいと願った人生だったが、その夢はかなうはずもなかった。石山寺の他には、太秦の広隆寺や鞍馬寺、長谷寺、住吉大社などへの参詣が記されている。

紫式部の伝承

この伝承については、石山寺縁起絵巻と河海抄《かかいしょう》を眺めてみる。

〈石山寺縁起絵巻〉

この絵巻の巻四に、紫式部は堂々と登場する。わざわざこう書くのは巻頭に大

きな字で、
「紫式部は右少弁藤原為時朝臣の女上東院の女房にて　云々」

七日間参籠して、その風情を物語の糧とすべく、堂内の大般若経の料紙を借りて書きとめたとある。後に式部は、その時のお返しとして大般若経一部を奉納したので、寺は式部の使った部屋を源氏の間と名付け、その上、式部は観音の化身であると祀り上げた。紫式部を取り込みたいという懸命の心が感じられ、口元がほころびる。源氏物語を諳んじるほどの大ファンであった更級日記の作者、菅原孝標女は二度も（一〇四五、一〇四七年）石山寺に参籠しているが、源氏物語、紫式部の言葉は一切出てこないのは、前述のとおりである。

石山寺縁起は全部で七巻あるが、描かれた時期はいろいろで、この意味では異色である。巻一から三と五は鎌倉時代後期、南北朝時代の作とされている。

紫式部の登場する第四巻は、室町時代　明応六年（一四九七）のもので詞書は三条西実隆、絵は土佐光信によるものである。巻六、七は江戸時代に作られたものである。

〈河海抄〉

河海抄は室町時代に、四辻善成によって書かれた源氏物語の注釈書である。一三六二年に成立し、一三六七年には二代将軍足利義詮に献じられた。その中から関連するところを拾ってみると、

「大斎院より上東門院へ、めづらかなる草紙や侍ると尋ね申させ給ひけるに、うつぼ、竹取やうの物語は目馴れたれば、新しく作りい出して奉るべきよし、式部に仰せられければ、石山寺に通夜して、この本を祈り申しけるに、折りしも八月十五夜の月、湖水にうつりて心の澄み渡るままに物語の風情そらにうかびけるを、忘れぬさきにとて、仏前にありける大般若の料紙を本尊に申し受けて、まず須磨、明石の両巻を書き始めけり。須磨の巻にこよひは十五夜なりけりと思し出でてと書けり。後に罪障懺悔のために般若経一部六百巻をみづから書きて奉納しける。今に彼の寺にあり。云々」とある。

この引用文と石山寺縁起絵巻の巻四の記述を比較すると共通性が大きい。年代としては河海抄の方が古いので、絵巻の記述は河海抄を下敷きにしたものと考えられる。

次に、この引用文の中で誰しも疑問に思うのは、何故、須磨、明石の巻を書き始めたとしたのかという点である。それらの巻は物語の中では中途半端な所にある。勿論、著者は分かって書いているのだが、石山寺という宗教的雰囲気の中で、源氏物語を執筆するとしたら、須磨しかないと考えたのである。それが紫式部への供養となる。須磨の巻は、光源氏が京を離れて須磨で謹慎する下りである。（妙な巻を書き始めたとなると、寺内でそんな不謹慎なことをと……ますます糾弾されかねないと考えたのであろう。ますますの意味は後ほど。）

須磨の巻から少し引用してみる。

「月おぼろにさし出でて、池広く、山深きわたり、心細げに見ゆるも、住み離れたる巌の中……かく憂き世に罪をだに失はんと思えば、やがて御精進にてあけくれ行いておはす。……

月いと花やかにさし出でたるに、今夜は十五夜なりけりとおぼしいでて、殿上の御遊び恋しう……」

この様な記述を抜き出してみると、光源氏も少し真面目に精進したようであり、石山寺で書いたというのには、ふさわしい段落であろう。

源氏物語の中の石山詣

源氏物語の中で紫式部は石山詣をどの様に書いたのであろうか。四つの巻に記述がある。

〈関屋〉

「伊予の介……上りける関入る日しも、この殿（源氏）石山に詣で給ひけり」

伊予の介は帰京の途中、逢坂の関で源氏の石山詣の行列と行き逢ってしまう。伊予の介の妻は「空蝉」、それと知って源氏は石山詣のお迎えに来ましたなどと言ってからかう。

この段は、藤原道長が長徳元年に女院の石山参籠に付き添ったことがあった。これをふまえて式部は、光源氏にも石山詣をさせてみせたのである。

〈真木柱《まきばしら》〉

「（玉鬘の）御かたち、有様を……（鬚黒は）思ふだに胸つぶれて、石山の仏をも弁のおもとをも並べて頂かまほしう思へど……」

鬚黒《ひげぐら》大将は、別嬪の玉鬘と契りを結ぶことが出来たのは、石山寺の観音のお導きとも、弁御許《べんのおもと》（鬚黒との仲を取りもった玉鬘の女房）のお蔭とも、並べて拝みたく思った……と書かれている。もっとも、この後、自分の北の方（正妻）から香炉灰を投げつけられてしまうのだが……それはともかく次へゆくと……

〈**浮舟**〉

源氏物語宇治十帖の記述となる。

「石山に今日（浮舟を）詣でさせんとて、母君のむかふる日なりけり。この人々（女房たち）も皆精進し清まはりてあるに、さらば今日は（石山へ）渡らせ給ふまじきなめりな、いと口惜しきことと言ふ。……（母親には）今日は物忌みにて渡り給はぬと言はせたり。」

薫の宇治の別邸に住まう浮舟だが、京都の母が一緒に石山詣に行こうという日であった。同行する女房たちも皆精進して身を清めてこの日を待っていたのであった。ところが、今日は中止ということになり、女房たちも「がっかりだわ」と語りあった。浮舟の母親には今日は物忌みで行けなくなったと伝えた。実は匂宮が浮舟のもとを訪れ、居据っていたので、石山に行けなくなってしまったのであった。

……

「かしこには石山もとまりて、いとつれづれなり。御文にはいとみじきことを書き集め給ひて……」

「いかなる御心地ぞと思へど石山もとまり給ひにきかしと言ふも、かたはら痛ければ伏目なり。……。」

宇治では石山詣も中止になり、女房たちものんびりしてしまった。お手紙にはいろいろ良いことを書いて……

（浮舟の母からは）どんな心地だったのですか、石山詣もおやめになったのですかと問われて、（浮舟は）肩身も狭くうつむくばかりだった。

この他、蜻蛉の段にも薫大将が石山に参籠する記述がある。

源氏物語の中で、単に物詣でではなく、はっきりと石山と書かれている所を見てみると、何かが浮かんでくる。つまり、光源氏や薫大将は石山詣をしているが、姫や女房たちの記述がない。なかんずく浮舟の段では、予定されていた石山詣が中止になり女房たちは大いに残念がっている。その後も、石山詣が中止になり云々の記述が何度か出てくる。作者は石山詣が中止になったことに、かなりの拘りを持っているのである。紫式部は石山寺詣に行きたかったが、何らかの理由で果たせなかった。その残執を物語の中に書き込んでいる。それを悟った古《いにしえ》の賢き人は河海抄の序文や、石山寺縁起の紫式部の伝承、そして謡曲の源氏供養を創って紫式部の残執を供養したのである。

謡曲　源氏供養

京都安居院《あごい》の僧が思い立って石山寺に詣でるその道すがら、見知らぬ女と出会った。女の話を聴くと、自分は石山寺に籠り源氏物語六十帖を書いたが、光源氏の供養をしていないことが心残りとなっている。その供養をして、自分の跡を弔って欲しいと語る。僧は驚いてさてはこの人は紫式部かと思う中に女の姿はかき消す様に見えなくなった。

石山寺に着いた僧は勤行を済ませると、夜も更け鐘の音も心を澄ませるが、先に出会った女の話が気になった。光源氏の供養をして紫式部の菩提を弔うべきか、徒《あだ》し世の夢の話だから……と思案していると、

「松風も散れば形見となるものを、思いし山の下紅葉、名も紫の色に出て」

と声が聞こえ、燈火に薄紫の衣の影が見える。さては紫式部と、声をかけた。源氏の跡を弔って進ぜようというと、女は感謝してお布施は何を参らせましょうと

いう。僧は布施など思いもよらないこと、ただ舞の姿を見てみたいと所望した。そして僧の源氏の供養が始まると、紫式部は優雅に舞ってみせるのであった。

王朝の雅を映してもてはやされた源氏物語であったが、戦乱の時代になると情況は変わる。度重なる戦や飢饉で不安な社会になると、狂言綺語で人心を惑わすものとして、紫式部は地獄堕ちだなどと真面目に語る宗教的風潮が起こった。その中で京都西陣辺りにあった安居院の法院聖覚が「源氏物語表白」を著したので世間は驚いたが、これが何と物語の各巻の表題を織り込んだなかなかの名文であった。これを埋もれさせては勿体ないと能作者は考えたのである。

石山寺を舞台に、主役を紫式部にワキ役を安居院の僧侶としてこの能は作られた。

安居院の表白は、「桐壷の夕の煙速やかに……」と始まり、各巻の表題を織り込みながら最後には、「手習に往生極楽の文を書くべし。夢の浮橋の世なり。……願はくは狂言綺語の誤りを翻して紫式部が六道苦患を救い給へ。云々」とある。だが、この終わり方では、もう一つだなと考えた能の作者はさらに追加する。

「よくよく物を案ずるに、紫式部と申すはかの石山の観世音、仮にこの世に現れて、かかる源氏の物語、思えば夢の世と人に知らせん御方便……」

と書いて紫式部を石山観音の化身としてしまったのであった。

謡曲の詞章を省略しながらたどってみると、

「桐壷の夕べの煙……帚木の夜の言の葉、空蝉の空しきこの世、夕顔の露の命、若紫の雲の迎え、末摘花の台《うてな》に坐せば、紅葉賀の秋、榊葉さして、花散る里に住むとても、生死流浪の須磨の浦、明石の浦に澪標《みおつくし》、ただ蓬生の宿ながら、松風の吹く藤袴、真木柱のもと梅が枝の、藤の裏葉に置く露の、玉鬘かけ、朝顔の、蔭に宿木、東屋の、浮舟に喩《たと》うか、蜻蛉の、夢の浮橋をうち渡り……」

あまりに物語が長いので、謡曲では全部は取り込められてはいないが、それぞれの情景を想い浮かべながら、優雅に舞う紫式部を観る。夢のひと時を与えてくれる能である。

紫の石山寺の舞の袖朧月夜に雲隠れゆく

古典芸能に遊ぶ

文楽　―七福神宝の入船―

正月は初詣も済ませ三箇日も終わってしまったが、何となく心は浮き浮きとして落ち着かない。街に出て楽しい賑わいを感じたいと思う。人波に押され押されて、たどり着いた先は文楽劇場だ。今日の出し物は、御目出度い七福神が宝舟に大集合だ。どんなことになるのか、ワクワクとしてくる。

〈七福神宝《たから》の入船《いりふね》〉

幕が揚がると大舟がガラリとせり上がって、何と初めから七福神の勢揃いだ。帆には宝の大文字、舳先には立派な竜頭が付いている。今年は辰年、まことに目出度い宝船だなあと感心して見ていると、

じゃらんと三味がなって、

《四方の春風豊にて……

浮かれ出でたる神々の……

呑めや謡えや……

と大宴会が始まった。紅一点の弁財も、さしつさされつのご機嫌だ。酔いも回ったこの辺で、隠し芸でもやろうよと、

まず立ったのは寿老人、雀百まで踊り忘れぬ、昔取った杵柄よと、三弦を弾けば何と琴の音。やんやの喝采に、さてお次に控えしは、と、

押し出されたのは布袋さん。無芸大食で、ここまで大きい腹になった。随分酒も飲んだから、何かせねばと思案して、腹鼓なら出来そうと、たたいてみれば妙音で、太鼓踊りの大騒ぎ。

続く大黒ひと弾きすれば、見事な胡弓の調べが出た。

装い豊かな弁財の番となればと琵琶をとり、

《そもそも近江竹生島の……

と容色に似ず渋い音。

踊りだしたのは福禄寿。角兵衛よろしく獅子を載せ、踊る頭が伸び縮み。この珍芸は大受けで、客席までも大笑い。

俺の番だと飛び出た恵比寿。得意の竿を「えいっ」と振ると針は飛んだが手ごたえなし。こんな筈ではと、また投げる。三度目の正直か、今度は何か当たった

よう。酔った足元よろよろと踏ん張ってはみたものの、今にも海へ引き込まれそうなその姿。これは大変と神々驚き駆け寄って、皆で曳けば、躍り揚がったのは大桜鯛。おおご馳走と喜ぶ中に、

負けてはおれぬと毘沙門は、長槍置いて三弦を、取れば何と無二の調べ。やんやの中の目出度い幕引き。

（二〇一二・一・六、国立文楽劇場）

長浜狐と竹生兎

二月は冬の曇天に雪混じりの時雨の多い季節であるが、今日は久々の晴天となった。我家のバラの剪定と寒肥をやることとする。この時期は新しいエネルギーが、また爆発して見事な花々を咲かせることを願って、思い切って強い剪定をするのである。そして根本にたっぷりと寒肥を施す。ところが、バラの根本は雑草に被われている。雑草に肥料をやるのも面白くないなーと、まず鎌で草取りを始めた。すると何やらカチンと音がするものに触った。見てみるとそれは真っ白の鶏卵であった。おやまあ、なんでこんな所にと首をひねった。子どもが遊んで家の冷蔵庫から卵を持ってきて隠したのだろうか。猫はいつもうろうろとしているが。口で咥えるには卵は大き過ぎる。犬は百パーセント首輪で引かれている。烏は美味しいものを見つけたらすぐに食べてしまう。こんな器用なことが出来るのは狐しかいないと直感した。そこで今日の草刈りは中止し、卵をそっと草陰に戻しておいた。

そして翌日その場所を見ると、昨日の白卵はものの見事に消えていた。探偵シャーロック・ホームズよろしくその エリアを詳細に観察してみると、五ミリ角の小さい卵殻に黄味が付着したものを一片見つけた。昨夜、狐は隠した卵を取りに来て食べたのであろう。夜、車を運転していると前方に猫ではなさそうな小動物が道を横切るのを見かけることがある。狐に違いない。もっとも、平成二十二年の市町村合併で、湖北の郡部が長浜市になってしまった。賤ヶ岳も余呉湖も、福井、岐阜との県境の山も長浜市となってしまった。だから雪も深いし、熊、鹿など何が居てもおかしくない長浜であるが、積雪一メートルとのニュースを聴いて心配して電話をかけてきたり、長浜の盆梅見物をキャンセルする人もいるとか。だが、ＪＲ長浜駅前は積雪はゼロなのである。

狐と言えば、狂言の名作佐渡狐がある。都見物の道すがら一緒になった佐渡の百姓と越後の百姓が、お国自慢をする話である。ちょっと覗いてみると……

エチゴ　「佐渡に狐はおるまい」
サド　「佐渡にも、狐ぐらいおるわい」
エチゴ　「狐の顔は、どないじゃい」
サド　「狐の顔は細長く、口は耳まで切れておるわ」

……こんな口だから我家の卵も咥えられると納得の答えなのだが、佐渡のお百姓は狐を見たことがない。人に聴いた話で何とか凌ぐが、……

エチゴ「では、狐は何と鳴く？」
サド「……？？？」

ここで詰まって、佐渡のお百姓の負けとなった。気軽に楽しめる狂言である。ここで狐の代わりに、兎としてみると……


〈竹生兎〉

これは近江の国の漁師《さかなとり》でござる。今日は天気もよいことじゃで、一つ都見物に参ろうと思う。琵琶湖の波も穏やかで、よく竹生島が見えるわい。

おや、あちらから何やら旅のお方と思われる人が来る。ちょいと声をかけてみようか。

オウミ「もしもしお宅様はどちらからこられて、どちらへ行かれるお人ですかな」

サド「私は佐渡ヶ島のお百姓じゃ。これから都見物に行く所ですわい」

オウミ「それは良かった。私も都に行きまする。道中の連れが出来て退屈しのぎになりますやろう」

サド　「もっともでござる」

オウミ　「それでは、佐渡のお国自慢は何じゃ」

サド　「佐渡の自慢は狐じゃ」

オウミ　「む？　佐渡に狐はおらんと聴いたが。おりまするか？」

サド　「おるおる。昔はおらなんだが、越後から鮫の背中を跳んで渡ってきたのじゃ」

オウミ　「ほんまか？　それは因幡の白兎の話ではないのか」

サド　「ほんまじゃ。狐は何にでも化けるで、兎に化けて、鮫も騙されたのじゃろう。ハハハハハ……」

サド　「ところであの島は何か？」

オウミ　「あれは竹生島でござる。弁天様をお祀りして昔から有名なのじゃ」

サド　「それでは、竹生島に兎はおるか？」

オウミ　「竹生島に兎か⁇　兎は月に何時もおる。月で餅つきをしておる」

サド　「竹生島に兎はおらんかと聴いておるのじゃ」

オウミ　「竹生島にも兎ぐらいおるわい。仰山おる。普段は見えぬ。風が吹くと出てくるのじゃ。そういえば少し風が出てきたな。八荒《はっこう》おろしというのじゃ。それ見い。波が立ってきた。その上に白い兎が仰山おる」

サド「あれが兎か。わしには白い波頭しか見えんがのう」

オウミ「あれが兎じゃ。近江の兎は波のりが好きなんじゃ。昔からそう云われておる。兎も波を走ると。ワッハハハ……」

サド「近江とは面白い所じゃのう。兎もサーフィンをするのか」

オウミ「まあ、謡曲竹生島でも謡うてゆっくり参るとしようぞ」

『国は近江の江に近き、山々の春なれや。浦を隔ててゆく程に竹生島も見えたりや。緑樹影沈んで、魚木《うお》に上る気色あり。月海上に浮かんでは、兎も浪を奔《はし》るか、面白の島の景色や。』

長浜八幡宮の曳山祭で使われる山、十三基の中の高砂山では、子ども歌舞伎の演じられる舞台周辺の台輪と云われる部分に、浪を奔る兎の姿が描かれている。その躍動感はまさに竹生島から躍り出た兎である。

（二〇一五年）

砧　―待つ女の情念は―

ふるさと寒く衣うつなり

九州芦屋の住人 某《なにがし》が、訴訟の問題を抱え、都へ上ったが、すでに三年が経ってしまった。

さすがに故郷のことが気になり、侍女の夕霧を呼び、今年の暮れには帰るからと妻に伝えよといって、夕霧を九州へ下らせた。

夕霧が芦屋の家を訪ねると……

笛が低く咽ぶように奏でられると、前シテの芦屋の某の妻が静かに登場する。唐織金地模様の豪華な装束である。三の松で立止まり、低く静かにその心を謡う。

「それ鴛鴦《えんのお》の衾《ふすま》の下には、立ち去る思いを悲しみ……我は忘れぬ音《ね》を泣きて袖に余れる涙の雨の、晴れ間稀なる心かな」

妻は夫の居ない寂しさを嘆いて言うのであった。

「夫のことを想うと、涙で袖は濡れてしまって、心の晴れることはめったにありませんの」

そして夕霧に語る。中国の古い話に、蘇武という人が居たが、胡《えびす》の国に行ったまま帰らなかった。故郷の妻子は、異国の夜も寒かろうと高い楼に上って砧《きぬた》を打った。その音が万里の向こうで旅寝する蘇武に聞こえたのだったと。そして夕霧に、私も砧を打ちたい、その音を夫に聞かせたいと言うのであった。夕霧は驚いて、砧を打つなど下賤の仕事、どうぞなさいますなと、止めるのだが妻の心は固かった。

静かに笛が鳴る。シテは唐織の衣の右袖を脱ぎ「脱下」という出で立ちとなって、舞台に据えられた砧の前に夕霧と向かい合って座る。そして涙を流して、これこそ我が思いを伝える便りだと、砧を打ちつづけるのであった。秋風よ吹け、そしてこの砧の音を都に居る夫に伝えよと。

そんな中に、また夫からの使いがきて、この年の暮れも故郷に帰ることが出来ないと知らせてきた。妻の落胆ははげしく、心も弱まり病に沈んで、終に逝った。

先立たぬ悔の八千度悲しきは　流るる水の帰り来ぬなり　閑院（古今集）

男は妻の死を聞いて帰ってきた。妻を偲んで梓の弓に霊を呼ばすと、老婆が杖をついてとぼとぼと歩いて来る。それは彼の妻の亡霊であった。白い衣と青白い袴を着けている。前段の豪華な唐織の衣装で砧を打った姿とは何という変わりようだろう。老婆は杖を捨てて男に語る。

中国の楚武も、旅する雁に文を付けて万里離れた故郷へ便りを届けたというのに、あなたは三年も音沙汰なしとは恨めしい。妄執に沈んで砧を打った故に、地獄の羅刹は自分を鞭打つ。こぼれる涙が砧にかかると炎となって燃え上がり、その煙にむせんで苦しいと。

謡はその有様を静かにかたる。

「打てや打てやと報いの砧。恨めしかりける因果の妄執、思いの涙の砧にかかれば火炎となって、胸の煙の焔に咽べば、砧も音なく松風も聞こえず呵責の声のみ恐ろしや。蘇武は旅雁に文を付け万里の南国に到りしも、君いかなれば旅枕夜寒の衣うつつとも、思い知らずや怨めしや。」

夫は法華経を読誦して、妻の成仏を祈り続ける。すると読経は暗闇の中の一すじの明かりとなって妻を導き、亡霊は去ってゆくのであった。

夫の帰りを待つ女の悲しみと苦しさを砧を打つ響きの中にとらえた世阿弥の名作である。

〈砧のこころ〉

砧とは今では殆ど目にすることも耳にすることもない。古き遠き世の香りのする、だが、何とも美しい響きを持つ言葉である。事典によれば、織った布を木や石の台に載せ木槌でたたく。こうすることによって、布が柔らかくなったり、光沢が出たりするという。この衣を載せる台や、衣を打つ作業を砧というのである。春から夏にかけて、紡がれ織られた布であろうか、砧を打つ作業は秋の風物詩であった。そしてそれは、女の夜なべ仕事でもあり、その衣をたたく音は楽しいと言うよりは、女のため息であったのだろう。

この能の中では、砧と蘇武について見事な脚色を見せる。すなわち唐土《もろこし》の蘇武という人が胡の国に留まらされた、その間故郷の妻子は高楼に上がって砧を擣《う》ったが、その音が万里を離れた蘇武に聴こえたというのである。何と素晴しい霊音ではないか。

ところで蘇武については、漢の歴史書「漢書」の巻五十四李廣蘇建伝に記述がある。蘇武は蘇建の三人の息子の中の一人である。紀元前一〇〇年のことである。漢の武帝は匈奴との戦いにあけくれていたが、匈奴の新しい単于が位についた機会に、捕虜の交換を図るべく、礼物とともに蘇武を使者として派遣した。ところが、単于は彼を捕らえて帰さなかった。時は過ぎて、武帝は死に昭帝が即位した。漢と匈奴の関係が改善された後、漢は蘇武らの虜囚の返還を求めたが、単于は偽って蘇武は死んだと返答した。漢の使者は蘇武の手紙を付けた雁が漢で見つかり、蘇武は生きているのだと告げると、単于は驚愕したのであった。そして蘇武は漢の地に帰ることが出来たのだったが、この間に十九年の年月が経っていたのであった。時節十九年として、志操を全うした人物として知られる。

このことは十八史略にも簡単に述べられているが、平家物語にも登場してくる。「漢王胡国を攻められけるに、漢王の軍弱く皆討ち滅ぼさる。次に蘇武を大将軍とし五十万騎を向けられけるに、漢軍猶弱く夷の戦強くして官軍皆滅びにけり。兵六千余生捕らる。その中に大将軍蘇武を始めとして……。春は沢の根芹をつみ、秋は田面の落穂を拾いなどして、露の命を過ごしけり。田にいくらもありける雁ども蘇武を見慣れて恐れざりければ、これ等は皆我故郷へ通う者ぞかしと、思ふ事を一筆書いて、『是漢王にたてまつれ』といい含め、雁の翼に結びつけぞ放ちける。……」(一部省略あり)

さてこの雁に付けられた文に何と書いてあったかということまで平家物語にはあるので驚いてしまう。しかしここまででは、蘇武と砧を結びつける手がかりはない。それにはもうひとつのストーリーがいる。

時代は下がって唐となる。李白の詩「子夜呉歌」を見てみよう。

長安一片の月

万戸衣を擣《う》つの声
秋風は吹き尽くさず
総て是玉関の情
何れの日にか胡虜を平らげ
良人遠征を罷めん

都長安に月は皓々と照るのに、どの家からも砧をうつ音が聴こえてくる。秋風は吹き止むこともなく、玉門関に出征した夫への思いも尽きることはない。胡を平らげて、夫が還るのは何時のことなのだろうか。この詩では女たちが出征した夫を案じながら寂しく砧をうっている姿を描く。出征して還らぬ者が多かっただろうが、労苦の後生還した代表が蘇武である。ここで蘇武と出征した夫を砧をうって待つ妻の姿が重なりあって一幅の画を作り出す。

所を日本に移してみよう。砧はどの様に詠われたのだろうか。

から衣うつこえ聞けば月きよみまだ寝ぬ人を空に知るかな
紀貫之（新勅撰和歌集）

み吉野の山の秋風さ夜更けてふるさと寒く衣うつなり
藤原雅経（新古今集）

中国ほどの大遠征の時代ではなかったのであろうが、あまり悲壮感はない。目を源氏物語に移してみると、

「白妙の衣うつ砧の音も、かすかにこなたかなた聞きわたされ、空飛ぶ雁の声、取り集めて忍びがたき事多かり。」（夕霧）

「秋のころほひ、しづかに思しつづけて、かの砧の音も耳につきて聞きにくかりしさへ恋しうおぼし出でらるるままに……」（末摘花）

とあることから、長安では万戸から聞こえた砧を打つ音は、京都ではさほど大きい音ではないが、あちこちから聞こえていたのである。

それぞれの砧の音に込められた女の思いはどの様なものであったか。そのひとつを世阿弥は能に作って見せてくれた。

（二〇〇九年）

小督　―峯の嵐か松風か―

「祇園精舎の鐘の声、諸行無常の響あり」で知られる名調子の平家物語からは、多くの修羅物と言われる源平の戦を主題とした能が作られているが、中に艶のあるものも少しあり、「小督《こごう》」はその一つである。能の主題としても面白いが、平家物語の名調子も楽しめる。タイトルは女性の名前だが、この能の主人公（シテ）は、小督を捜しに行く源仲国なのである。ここがまた面白い所である。

小督局《こごうのつぼね》は宮中一の美女と言われ、高倉天皇の寵愛を受けていた。その小督が突然失踪したのである。この時の中宮は平清盛の娘、徳子（後の建礼門院）であった。清盛は帝の寵愛を受ける小督は邪魔だと思ったに違いない。これに気付いて小督は人知れず身を引いたのであった。小督の失踪を聴いて驚いた高倉天皇は手を尽くして捜させると、どうやら嵯峨野の辺りに居るらしいと分かった。片折戸がある所とか。そこで、源仲国に嵯峨野で片折戸のある庵を手掛かりに捜して参れと命じたのであった。勅使の話を聴いた仲国は、片開きの木戸などは庵の付き物でどこにもある。困ったことをおっしゃると、内心は少し迷惑に思ったが、そうも言えず、ご安心下さい、小督は琴の上手、月夜には必ず琴を弾くはずです。私は小督の琴の音を良く知っていますから、必ず捜しあてて参りましょうと勅使に話した。これを聴いて高倉天皇は大喜びして、御所の馬を仲国に遣わし、これで探せと命じたのであった。

ということで、仲国は帝差回しの馬に乗って、嵯峨野に小督を捜しに行ったが、それは難航した。そして小督を捜し当てる下りを名調子の平家物語から引用してみると、

「牡鹿鳴くこの山里と詠じけん、嵯峨の辺りの秋の頃……片折戸したる屋をみつけては、この内にやおはすらんと、ひかへひかへ聞きけれど、琴弾く所もなかりけり。……いかがせんと思いわづらふ。……法輪は程近ければ、月の光に誘われて参り給える事もやと、そなたに向いて歩ませける。亀山のあたり近く、松の一《ひと》叢《むら》ある方にかすかに琴ぞ聞こえける。峯の嵐か松風か、尋ぬる人の琴の音か、おぼつかなくは思えども駒を早めてゆく程に、片折戸したる内に琴をぞ弾き澄まされたる。控えてこれを聴きければ少しもまごうべうもなき、小督殿の爪音なり。楽は何ぞと聴きければ、夫を想うて恋ふると詠む、想夫恋という楽なり。」

松籟の中によくぞ小督の琴を聴いた、仲国の執念が感じられる。小督は琴の名手、仲国は笛の上手であった。宮中でも合奏したこともあって、お互い知らぬ人ではなかったのである。

庵を訪ねて案内を乞うが、なかなか戸は開かなかった。しばらくしてやっと侍女が出てきて木戸を少し開けた。これで閉められては大変と素早く押し開け中に入ってしまう。帝からの勅書があると伝えるも、そんなものがあるはずはないと、なかなか受け取らないが、説得して帝の手紙を渡す。そして返事をもらわないと帰らないと言って、渋る小督に返書を書かせそれを懐に勇んで都に帰ってゆくのであった。能はここで終わる。能の中では駒の段といわれる、名調子の謡と仲国が馬で嵯峨野を捜し行く様子が面白い見所であり、また小督の庵を辞する折りの名残の男舞も楽しめる。

さて小督局の隠れた所はどのあたりなのであろうか。平家物語の詞章から追ってみると、「法輪は程近ければ」とあるので、法輪寺の近くであり、「亀山のあたり近く、松の一叢ある方」とも書いてある。亀山は今嵐山公園となっている。渡月橋近くの車折《くるまざき》神社の頓宮付近に仲国が馬を止めた駒止の橋もあったとの伝承もあり、近くに小督の塚もある。最近では、小督を訪ねるウオークというのもあって、仲国がどのような道をたどって小督の庵にたどり着いたのかを歩くようで、この嵯峨野の散策も面白そうである。

小督のその後の消息はどうであったか。勿論、宮廷からはお迎えの車がきて御所に戻り、天皇も一安心されたのであったが、このことはやがて清盛の知ることとなり、小督は出家させられてしまう。その時小督は二十三歳の若さであった。この出家のいきさつについて、清盛の差し金だったという点については異論もある。小督には高倉帝の寵愛を受ける前に恋人がいた。藤原隆房である。小督はこれら二人の愛の間で苦しみ、自らの意思で出家したという（平家後抄、角田文衛著）。二人の貴人に愛されて身を消す、源氏物語の浮舟を想い起させる。小督の墓は高倉天皇陵の近く、京都東山清閑寺にある。

　少々蛇足であるが、峰の嵐か松風か……は、どこかで聴いた気がする。思い出してみるとそれは黒田節であった。黒田節は以前は酒席の余興の定番であった。今は歌われることも少なくなったが、赤坂小梅の唄で大ヒットしたのであった。昭和二十五年の頃のことである。御存知その歌詞は、

「酒は飲め飲め、飲むならば、日《ひ》の本一のこの槍を、飲みとる程に飲むならば、これぞ、まことの黒田武士。（続いて、）峰の嵐か松風か、尋ぬる人の琴の音か、駒引き留めて、立ち寄れば、爪音高き想夫恋」

　ここにも平家物語の名調子が出た。古来愛された小督の段である。

（二〇一三年）

忠度と俊成　―名歌の謎―

薩摩守忠度《ただのり》は名歌を残した武人として、平家物語では高く評価されている。能の演目としては、「忠度」と「俊成忠度《しゅんぜいただのり》」の二つがある。まず「忠度」の方から見てみたい。

〈能　「忠度」〉

行き暮れて木の下蔭を宿とせば花ぞ今宵の主ならまし

（忠度　旅宿の花）

花をも憂しと棄つる身の……と旅の僧が謡ってこの能は始まる。歌人俊成の身内であるこの僧は西国へ行脚に赴く。京都城南の離宮から山崎、関戸、猪名の小篠、昆陽の池と道行し、難波から小舟で須磨の浦に往き着く。ここで僧は一人の老人に会う。老人の言うには、山陰に一本の桜があり、或る人の標なので、汐を焼く柴を採りに山に入る度に花を採ってきて手向けるのだと。そんな問答をしているうちに日も暮れたので、一夜の宿を頼むと、この花の蔭よりよい宿はないという。そして旅宿の歌を詠んだ忠度を弔って欲しいと云って老人は消えた。

僧は木の下で旅寝をしたが、夢の中に武者姿の忠度が現れ、自分の和歌が千載集に採られたが読人知らずとされたのは心残りである、選者の俊成卿も亡くなった今、定家の君に正しく作者の名前を付け直して欲しいと伝えることを望み、そして須磨の浦の浜辺における岡部六弥太との組討やその最期の有様を詳しく語るのであった。

六弥太は討った敵の箙《えびら》に短冊を見つけたが、それには旅宿と題して、「行き暮れて木の下蔭を宿とせば花ぞ今宵の主ならまし　忠度」とありその人であることが分かったのだった。

能は最後「花は根に帰るなり。我が跡弔ひて賜び給へ。木陰を旅の宿とせば。花こそ主なりけれ」と謡って終わる。能で語られる合戦の有様は平家物語の忠度最期の段に依っている。

忠度は武人であるとともに歌人でもあった。勅撰和歌集に自分の歌が載ることは大変名誉なことであったに違いない。一の谷での討死から三年後に千載集は完成したが、彼の「故郷の花」が勅勘の人ゆえに詠み人知らずとなって収められたことは、もとより知るよしもなかった。しかしこの作者が誰であるかは知る人ぞ知る、和歌をするほどの人は皆知っていたのである。彼の無念を慮って、或者は平曲の中で、またある人は能を作って彼への鎮魂の花とした。

ところで、この能「忠度」の主題は千載集に収められた故郷の花ではなく、旅宿の花である。忠度の最期を描くためには、平家物語にあるように旅宿の花でなければならないのである。だが、この歌は本当に忠度の歌なのであろうか。平家物語や源平盛衰記には、はっきりと忠度の作として描かれており疑う余地もないと思われるが……

だがあまりに名歌である。また忠度最期の描写と見事に合致しすぎている。物語の作者はその筆力をもってして、忠度の名をしっかりと入れた歌を作った。これが旅宿の花である。つまり、この歌こそ真の詠み人知らずなのである。

ちなみに、忠度集一〇三首の中にはこの歌は含まれていないが、或る異本には一〇四首目として追記されているのであるが。

〈能「俊成忠度」〉

ささなみや志賀の都は荒れにしを昔ながらの山桜かな

（忠度　故郷の花）

一の谷の戦で忠度を討った岡部六弥太は、彼の尻籠《しこ》に短冊の付いた矢を発見した。六弥太はそれを持って俊成を訪ねる。俊成は短冊に書かれた旅宿の花の歌をつくづくと眺め、亡き忠度の彼岸を想う。

謡では、

「傷はしや忠度は……歌道に達者たり。弓矢に名を揚げ給へば文武二道の忠度の、船を得て彼の岸の台《うてな》に到り給へや……」

すると不思議にも忠度が現れ、

「前途程遠し。思ひを雁山の夕べの雲に馳す。八重の潮路に沈みし身なれども、なほ九重の春に引かれ……」

と謡う。そして俊成に、千載集に一首の歌を入れて頂いたのは嬉しいが、読み人知らずと書かれたことは心残りであると語る。俊成はそれもそうだが、朝敵となった者の名を勅撰集に書くのも憚られた。歌さえ載れば名が隠れることはないなどと話し、和歌の成立ちや効能などを語り合った。名残惜しい夜となったなあ……と思ううちに突然忠度の様相が変った。

修羅道に堕ちた忠度には修羅道の王、修羅王が梵天へ攻め上がる姿が見えた。忠度も参戦する。梵天からは帝釈天が出て修羅を追落す。戦い乱れ太刀を抜き、矛を揃える敵を掃えば敵は見えず、天からは火の車、地からは鉄の剣が足を刺す。苦しい責めに忠度は太刀を捨てる。

そんな中で、故郷の花を想う。

楽浪《さざなみ》や志賀の都は荒れにしを昔ながらの山桜かな

この歌に梵天も感じて、忠度への剣の責めは消えた。

忠度は扇をとって舞う。

灯を遠ざけて眺めた夜の月、花を踏んで惜しんだ春の夜、少年の頃の思い出もやがて薄れて、忠度の姿も白々と明ける光の中へと消えてゆく。

能は、

「少年の春の夜もはや白々と明け渡れば、ありつる姿は消え消えと鶏籠の山、木隠れて失せにけり……」

と謡って終わる。

この能の主題は「故郷の花」である。修羅道に堕ちた忠度はこの歌によって救われて彼岸に渡る。

俊成は何故千載集に「故郷の花」を撰んだのであろうか。忠度の歌集として忠度集があり、百三首が収められている。平家物語で忠度が俊成に渡したと書かれた百余首の歌を収めた巻物一巻とは、この忠度集であろう。その中には恋の歌もあれば花の歌もあるが、俊成は迷うことなく「故郷の花」を撰んだのであろう。この歌は花の美を詠んだものではなく戦による滅びの哀切を詠っているからである。歌中の「志賀の都は荒れにし」は、大津の京が壬申の乱で荒廃したことを詠んでいるという。何故忠度が、壬申の乱の歌を詠んだのか。

万葉集には

ささなみの国つみ神の心《うら》さびて荒れたる京《みやこ》見れば悲しも　高市古人
ささなみの志賀の大わだ淀むとも昔の人にまたも逢はめやも　柿本人麿

などいくつかの歌がある。人麿は持統天皇に随行して大津の地を訪ねている。壬申の乱から十六年後の事である。持統女帝には父（天智）の皇子（大友皇子）と夫（天武）の争いは心痛むものであったに違いない。人麿もこの戦に参戦したのではとも言われている。和歌は本来自己の詠嘆を表すものである。万葉の歌にはその思いが重く伝わってくる。忠度は万葉の歌を本歌として、「故郷の花」を上手くまとめた。しかし、この歌が彼自身の運命を予言するものとなろうとは！　想ってもいなかったに違いない。

大津の京があったとされる錦織から弘文天皇稜、三井寺、長等山は琵琶湖岸に連なる縁の地である。

平家物語を見ると、

「……されば三井寺をも南都をも攻めらるべしと、大将軍には頭中将重衡、副将軍には薩摩守忠度、都合その勢一万余騎で園城寺へ発向す。卯の刻に矢合せして一日戦い暮らす。夜戦に成りて寺中に攻入り火を放つ。焼くる所堂舎塔廟六百三十七宇、大津の在家一千八百宇、一切経七千余巻、仏像二千余体忽ちに煙となるこそ悲しけれ。……かかる天下の乱れ、国土の騒ぎ、ただ事とも覚えず、平家の世末になりぬる先表《せんべう》やらんとぞ人申しける。」

源頼政の謀反を追った平家は、頼政のこもった三井寺を焼討ちし、さらに宇治へと追走した。

この戦の副将は忠度であった。かつて壬申の乱で荒廃した大津は、また源平の戦で荒れた。忠度の歌「故郷の花」は、昔と今の戦が重なって、武人の歌としての命を得た。そのことを俊成は知っていて、千載集に入れたのであろう。

（二〇一四年）

箙　―白梅を背に付けて戦う―

寿永三年（一一八四）如月七日須磨の浜は、生田の森（神戸三宮）から一ノ谷まで源平の戦の中であった。武将たちは家伝来の鎧兜で身を固め戦に臨んだ。合戦では修羅場の連続であるが、そんな中にも絵になる様な楽しい話も欲しいと物語の作者は考える。時は如月、梅花も満開、これを何とか使えないか。生田の森の戦いでは、梶原の軍勢が活躍している。そこで景季を登場させた。鎧兜に梅花を付けてもあまり目立たない。景季は奮戦して兜を落とす。そして兜の代わりに烏帽子をかぶる。背負った箙《えびら》に満開の梅花の枝を折って括り付ける。白梅に飾られた見事な若武者ができた。これぞ我が戦いぶりぞと太刀を振れば、香る梅花は白吹雪となり、敵も味方も讃嘆した。那須与一の扇の的と同じように、戦の中の美景がまた一つできた。

さて、戦の実態はどうだったのだろうか。平家物語を覗いて見ると、生田の森の戦いでは、梶原平三景時は三人の息子を連れ、五百騎ばかりで突撃する。次男平次景高は先へ進んでしまったので、平三は「勝手に行くな。危ないぞ」と使いをやったが、景高は「もう止まりません」とどんどん行く。「景高討たすな。続け者共」と平三も仕方なく乱戦に巻き込まれてしまった。ふと見ると長男源太景季の姿が見えない。こりゃ大変とばかり捜してまわると、馬を射られ徒となり、崖を背に数人の敵に囲まれて絶体絶命の姿を発見した。景時ここにありと、おめき叫んで打って入り、敵を蹴散らし、景季乗れと声を掛け、一つの馬に親子相乗って辛くも脱出して逃れた。何となく笑えてくる有様だ。

その景季は、宇治川の先陣争いで佐々木高綱にうまくやられて、残念！　優勝を逃したが、一の谷の戦では平重衡の馬を射て、重衡生捕りのきっかけを作ったりと活躍している。

弓馬の名門、梶原の伝説は他にもある。壇の浦の合戦で、景時はこの先陣は自分にまかせてくれと義経に迫ったが拒絶される。武士の上に立てぬ人だな、などと陰口を言ったのが義経の耳に入り、義経は大いに怒り、梶原も自分の主は鎌倉殿だけだなどと言って険悪な事態もあった。梶原はこれを根に持って、義経のことを頼朝に讒言したとか。

とかく悪役の多い梶原だが、良いのもある。歌舞伎の「石切梶原」は有名だ。「梶原平三誉石切《ほまれのいしきり》」は、今年（平成二十八年）の長浜八幡宮の子ども歌舞伎の演目の一つとなった。また梅を付けた若武者は、能楽「箙」の中に観ることができる。

（二〇一六年）

能で楽しむ源氏物語　――六条御息所の影――

源氏物語は平安時代、西暦一〇〇〇年頃の紫式部の大作。五十四帖もの王朝文学であり、理想の男性光源氏を取巻く女性群像を描く。これを読み通すのは、なかなか大変だが、いくつかのエピソードについては、能の演目にもなっている。その演出は物語どおりではないが、能の作者がどんな切り口を物語の中に発見したのか眺めて見るのも面白い。

源氏物語由来の能の演目

現在、能の演目はおおよそ二百五十曲と言われているが、過去には千とも二千ともという話もあり、廃曲となったものが多いことが分かる。源氏物語に由来する能の演目を挙げてみるが、他にもまだあるのかもしれない。

一　半蔀《はじとみ》　光源氏と夕顔の出会い
二　夕顔　五条で夕顔が唄う、あの院はここよと
三　葵上《あおいのうえ》　車争いで貶《おとし》められた六条《ろくじょうの》御息所《みやすどころ》の怨念

四　野宮《ののみや》　　御息所の離京と葛藤
五　玉鬘《たまかづら》　　玉鬘（夕顔と頭中将の間の娘）初瀬に現れる
六　須磨源氏　須磨の旧跡で、源氏自らの来歴を語る
七　住吉詣《すみよしもうで》　光源氏の住吉明神への参詣と、明石の上との再会
八　浮舟　　二人の貴公子に愛され、死を選んだ薄幸の美女の舞
九　源氏供養　物語の帖名を読み込んだ謡にのって紫式部が舞う

ここではこの中から、半蔀、夕顔、葵上、野宮について紹介してみたい。これらの能の四作は、作者は同じではないが、六条御息所四部作として考えると分かりやすい。半蔀や夕顔には御息所は登場しないが、その影を落としているのである。（半蔀は内藤河内守、夕顔、葵上、野宮は世阿弥元清の作、異説もあり）

人物について少し記すと

・光源氏（源氏と略す）　桐壺帝と桐壺更衣との間に生まれたが、母である桐壺更衣は源氏が三歳の時に亡くなる。亡き母を想う心がその後の源氏の生き方に大きい影響を与え、この物語の背景となっている。すぐれた紫式部の構成力である。
・六条御息所　前の東宮（皇太子）妃。今は未亡人。桐壺帝から気の毒だから光源

氏に面倒を見てあげてはどうか、などと言われている。双方ともその気があったので、話はややこしくなって、はらはらさせられる展開を造る才色兼備のヒロインである。

・葵の上　左大臣の娘、源氏の正妻。家柄がよいということで気位が高く源氏も敬遠気味であったが、一児をもうける。しかしその後亡くなる。

・夕顔　次に述べる様ないきさつで、言わば行きずりに知り合った女性だが、実は源氏の友人である頭中将に好まれていた時期があった。娘（玉鬘）を身籠った後、頭中将の前から忽然と消えてしまったのであったが、このことは源氏は知らない。

能についての説明に入るが、背景が分からないと理解しづらい点もあるので、物語から補完することとする。

〈半蔀〉

源氏は何時もの様に六条に向かって車に乗っていたが、五条辺りで白い花の咲いている屋敷が目に付いた。お付きの惟光に、あの花を採ってこいと命じた。惟光が花を折ると、屋敷の中から童が白扇を持って現れ、花をこの上に乗せて差し上げてはと言う。その扇には　和歌が添えてあった。

心あてにそれかとぞ見る白露の光そへたる夕顔の花

感心した源氏は歌を返す。

折りてこそそれかとも見めたそがれにほのぼのみえし花の夕顔

源氏は夕顔のとりことなる。

六条に行くべき所を、五条で止まってしまった。御息所の怒るまいことか。能では、源氏と夕顔の花を通じての印象的な出会いを美しい詞章の謡と舞に仕上げている。登場するのは二人、夕顔と僧だけである。

京都雲林院の僧が夏の終わりに花の供養をしようと、花を集めて読経をしていると、何処からともなく女が現れ白い花を仏に供えてくれと言う。何の花かと尋ねると、

「あら御存知ありませんの。黄昏時に垣根にひっそりと咲くのですもの。知られないのも仕方ないですね。これは夕顔という花です。」

と答え、自分は五条辺りの者と言って花の蔭に消える。

（場面は変って五条となり、舞台には半蔀のある作り物が置かれる）

僧が五条に来てみると果して夕顔の咲く荒れた庵を発見する。「夢の姿を見せ給え。菩提を弔わん」と僧が読経をしていると、半蔀の中から「山の端の心も知らで行く月は、上の空にて絶えし跡の、また何時か逢うべき」と女の声が聴こえる。そして半蔀を開けて夕顔が現れ、源氏との出会いを懐かしく語り優雅な舞を見せてまた半蔀の中に帰ってゆく。僧は茫然として見送る中に見たものが夢であったことを知る。最後の詞章を少し引用してみると、

「終《つい》の宿りは知らせ申しつ。常には訪《とむら》ひおはしませと、木綿付《いうつけ》の鳥の音、鐘もしきりに告げ渡る東雲《しののめ》。あさまにもなりぬべし。明けぬ前にと夕顔の宿りの。また半蔀の内に入りてそのまま夢とぞなりにける。」（木綿付の鳥は鶏のこと）

〈夕顔〉

事態は急展開する。或る日源氏は夕顔の屋敷にいたが、「たまには私の別荘でゆっくりしないか」と、乗り気でない夕顔を強引に連れ出す。その夜のこと夕顔は急に悪寒がしてがたがたと震え、亡くなってしまう。その枕もとには座る女の姿が源氏には見えた。女は語ったのである。「私がこんなにお慕いしているのに、

何の取り柄もない人をご寵愛なされてここまでお連れになるとは、私には耐えられない」と。つまりこの女は紛れもなく六条御息所である。源氏は御息所のテリトリーに近づき過ぎたのであった。

能の夕顔では登場するのは半蔀と同様、里の女（実は夕顔）と旅僧の一行（二、三人）である。都見物の僧の一行が五条のあたりを歩いていると、女の歌声がする。

山の端の心も知らでゆく月は上の空にてかげや絶えなん

この歌は半蔀の中にも出てくるが、山の端は源氏を月は夕顔の意味であると言われている（源氏様のお心も分からずに、ただ付いてゆく私はどうなってしまうのでしょうか。心細いこと。もしかすると……）。自分の運命を予告する辞世の歌の様にも思われる。

僧はその家から出てきた女に尋ねると、ここは河原の院という所で、紫式部は何某の院としか書いていないけど、ここで夕顔は亡くなったのだと言って消えた。僧が月光の下、弔いの読経をすると、夕顔が美しい長絹の姿で現れ、舞を舞い成仏の喜びと共に暁の空に消える。

〈**葵上**〉

葵祭りの時、弘徽殿女御の娘が斎院に選ばれ、禊《みそぎ》の儀式が行われた。源氏も行列に参加したので、その壮麗な行列を見ようと一条通りは見物の人で溢れた。葵上は乗り気でなかったが、お付きの女房たちが行きたいと騒ぐので、葵上の母親も、体調も落ち着いているのでまあいいかなと(葵上は妊娠していた)言われたので、出かけることとした。ここで事件が起こる。来てみると見物人でいっぱいで、葵上の車が入る余地はなかった。強引に他の車をどかして割り込むが、中にどかない車があった。酒も入っていた様で、お付きの従者同士の喧嘩になった。榻《しじ》(車止めの台)も壊されて無理にどかされた車に乗っていたのは、六条御息所であった。葵上はその後物の怪に取りつかれ病に倒れることとなる。

能の葵上では折り畳んだ小袖が一着、舞台に置かれる。病に伏す葵の上を表す。病の原因は物の怪であろうと、巫女が呼ばれ梓弓で怨霊を呼出す。すると六条御息所が現れ、葵の上に打ちかかる。

「これは六条の御息所の怨霊なり。我世に在りし古は雲上の花の宴、朝の御遊に馴れ、仙洞の紅葉の秋の夜は、月に戯れ色香に染み花やかなりし身なれども、衰へぬれば、朝顔の日陰待つ間の有様なり。ただ何時となき我が心。ものうき野辺の早蕨の、萌え出で初めし思いの露。かかる恨みを晴らさんとてこれまで現れ出でたるなり」

横川の聖が呼ばれ祈禱すると、怨霊は般若となって僧に打ちかかる。僧の必死の折伏により、怨霊は心を和らげて去ってゆく。ここで能は終わる。

御息所は寝ている間に、魂が抜け歩いていた様に感じる時があったと自覚する。葵の上は、回復し男子を出産して源氏を喜ばすが、その後急死する。

夕顔、葵の上の事件もあり、源氏と六条御息所の関係は冷え込んだのだが……


〈**野宮**〉

葵上が亡くなった後、源氏の正妻には六条御息所がなるかもと噂され、本人も期待したが、源氏が決めたのは紫上であった。気落ちした御息所は斎宮となった娘と共に都を離れ、伊勢に向かう決心を固めるそして出発までの間、野宮に滞在する。

源氏は御息所の寂しい心を思いやり、榊の枝を持って訪ねて行く。都に留まってはと誘うので、御息所の心は揺れ動く。


おほかたの秋のあはれも悲しきに鳴く音なそえそ野辺の松虫　　御息所

御息所は都に留まることはなかった。斎宮と御息所の伊勢への行列は、源氏の館の前を通って行く。源氏は和歌を送る。

振り捨てて今日は行くとも鈴鹿川八十瀬《やそせ》の波に袖は濡れじや　源氏

返し

鈴鹿川八十瀬の波にぬれぬれず伊勢までたれか思いおこせむ　御息所

能の野宮では、御息所の寂しい心根を謡と舞で表現する。

諸国行脚の僧が秋色深い嵯峨野の野宮を訪れる。榊を持った女が現れ謡う。

「野の宮の森の木枯らし秋更けて、身にしむ色の消えかへり、思へば古《いにしえ》を……」

女は荒れて淋しくなった境内を懐かしそうに眺め、ここで起こったことを詳しく話すので、僧は驚く。女は自分は御息所だと言って消える。僧は夜を通して弔いの読経をする。すると幽かな月光の中に車の音が聞こえ、

「野の宮の秋の千草の花車、我も昔に廻り来にけり」

と詠って御息所が緋色の袴に長絹の姿で現れる。女は語る。賀茂の祭の車争いの悔しい想いが妄執となっている、これを晴らして欲しいと僧に頼み、そして昔を懐かしんで優雅に舞い、また車に乗って帰ってゆく。終わりの部分の詞章を見てみたい。

「風茫々たる野の宮の夜すがら、懐かしや。此処は元より忝《かたじけな》くも神風や、伊勢の内外《うちと》の鳥居に出で入る姿は生死《しょおじ》の道を、神は受けずや、思ふらんと、また車にうち乗りて火宅《かたく》の門《かど》をや、出でぬらん火宅の門。」

と謡い上げて能は終わる。

以上これらの四部作をまとめて見る。

〈半蔀〉と〈夕顔〉

源氏との嬉しい出会いを胸に、またお出で下さいと言って半蔀の庵に隠れる夕顔と、心ならずも儚く散った夕顔の残念が僧の弔いによって解け、眉に笑みを作って空に昇ってゆく。二つの能は、夕顔の初めと終わりを見せてくれる。

〈葵上〉

演題の主人公とも思われる葵上が、舞台に置かれた一着の着物で、それに襲いかかる御息所が実際の主人公という設定は、演劇史の中でも傑出した演出である。折伏される般若になった御息所の心を感じて目が潤む。また、葵上に御息所の生霊が乗り移る様を、物語ではどのように表現されているかを能と比較してみるのも面白い。

〈野宮〉

都に留まるべきか伊勢に行くべきか、御息所の心の揺らぎが秋の嵯峨野の寂しい宮の中で、序之舞から破之舞へと結実して観る人の心をうつ傑作となった。

鶏足寺の紅葉（長浜市木之本町）

残映

氷雨の中に送る

一月十七日は時折白いものも混じる氷雨で明けた。京都観世会館にて片山定期能の新年例会があった。これに先立つ一月十三日に片山家の総帥片山幽雪師が逝かれた。会館のロビーには祭壇が設けられ、幽雪師の遺影とお供えの菓子、盛花が飾られていた。本日の演目は能二題、屋島と浮舟、狂言鬼瓦などであった。幽雪師の演じる予定であった舞囃子雲林院はご令息、十世片山九郎右衛門氏の代演となった。最後の能が終わったあと、番外で九郎右衛門氏の仕舞、江口が演じられ、幽雪師の霊に捧げられた。演者の後には、通常地謡が四人並ぶが、この時は二十人が並んだ。終わって、地謡が一人ずつ舞台の切戸口から退出してゆく。最後に仕舞を舞った九郎右衛門氏の退出まで、場内はしわぶき一つない静寂の中に共に幽雪師の霊を送った。

これに先立つ十一月末、大江能楽堂で私も参加した稽古の発表会があった。模範演技で幽雪師の仕舞があったが、これが最後の舞台となった。

江口の謡の最後の部分を記すと、

「思へば仮の宿に、心とむなと人をだに、諫めし我なり。これまでなりや帰るとて、即ち普賢菩薩と現れ、舟は白象となりつつ、光と共に白妙の白雲にうち乗りて、西の空に行き給ふ。ありがたくぞ覚ゆる、ありがたくこそは覚ゆれ。」

江口の君の亡霊が、舞を舞い最後普賢菩薩となり、乗っていた舟は白象と変わって白雲の中、西の空に消えてゆく。

告別式は後日、観世会館にて舞台の上に祭壇が設けられ、能楽葬がおこなわれた。

（二〇一五年一月）

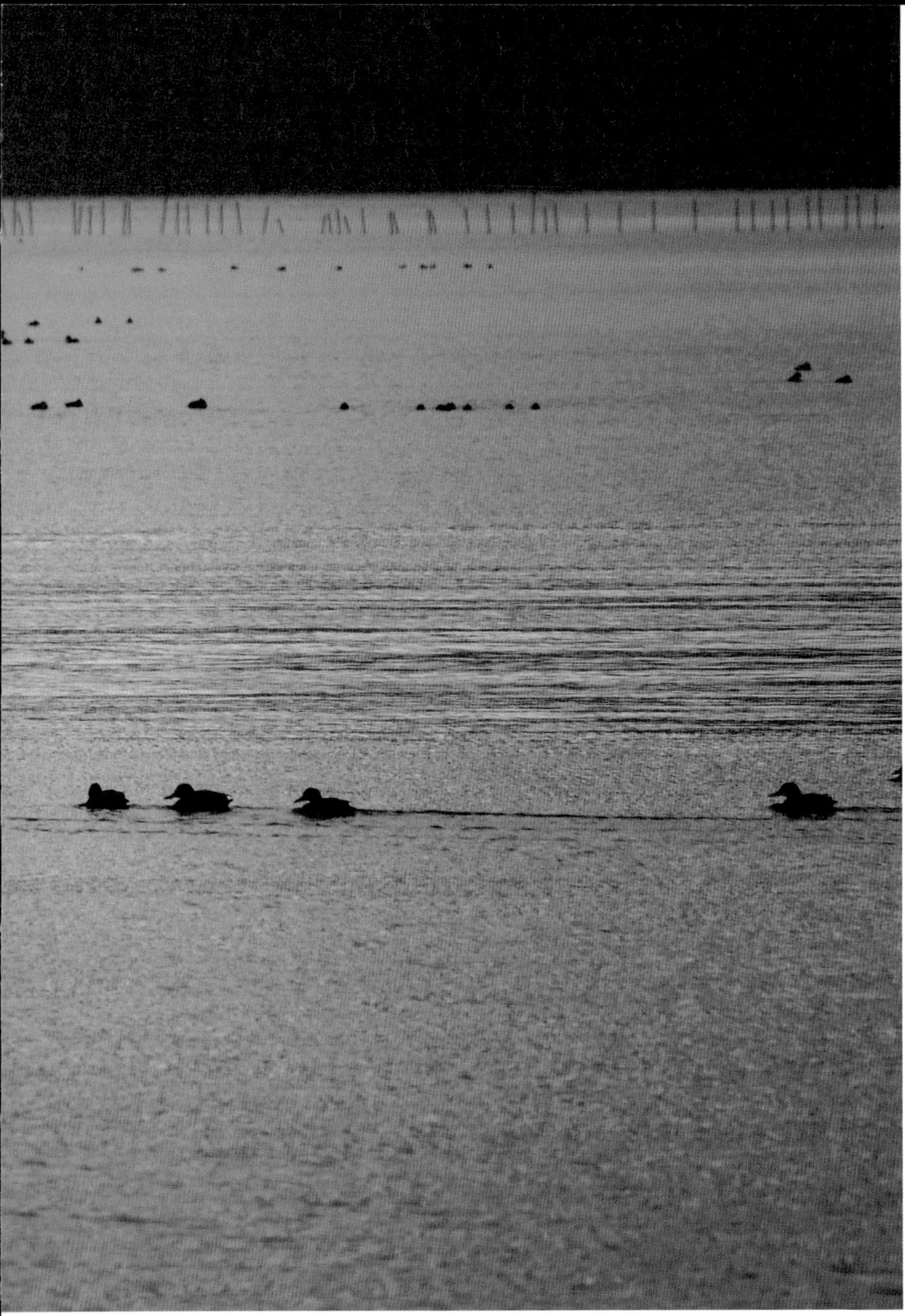

鳰の湖　夕照

あとがき

　近江漫遊を上梓した後、続きを見たいとの声もあり、そのうちと思っている間に、「歳月は人を待たず」そのままに、長い月日が経ってしまった。前にも書いたとおり近江は古都に近くまた古都もあった。琵琶湖は鳰を育み、生活しやすい環境を提供して、多くの古墳群や遺構を残す。古代へのロマンは心に細波を起こし、さらに中世、近世へと歴史のロマンを繋いで大河となり、伝統ある行事や美しさの溢れる祭祀を残している。また花を訪ねて山水を歩くのも面白い。歴史と風光の宝庫は尽きることがない。

　現代は高度に情報化された社会となったが、歴史の故郷を実地に訪れ、開発されて面影もない所でも、空の青、水の青、山の緑に目を向ければ古のざわめきや息遣いが聴こえてくるであろう。お祭りは美しく楽しい、または厳かなものであり感動あふれる体験を与える。少子化や時の流れの大波に曝されて危うく見える伝統文化だが、これを支え後世へこの美しい感動を継承させたいものである。歴史文化の宝庫の中に居て、まだ訪れていない所、行ってはいるが記述が間に合っていない所など多くあり、奥深く楽しみの多い漫遊を今後も続けたいと考えている。

なお、かなづかいについては引用があるものは、極力原文に近いものとした。その他については分かりやすい表記にしたので、多少の混在があることをご了承いただきたい。

二〇一九年一月

参考文献

日本古典文学大系　岩波書店
謡曲集　日本古典文学全集　小学館
謡曲大観　佐成謙太郎　明治書院
滋賀県の地名　日本歴史地名大系　平凡社
滋賀県の歴史　山川出版社
滋賀県の歴史散歩　山川出版社
万葉集事典　佐々木信綱　平凡社
和歌大辞典　明治書院
国歌大観　角川書店
戦国合戦大事典　新人物往来社
郷土歴史人物事典　第一法規出版
明治維新人名辞典　吉川弘文館
日本人名大辞典　講談社
日本女性人名辞典　日本図書センター
近江人物志　滋賀県教育会　文泉堂
長浜市史　長浜市史編さん委員会　長浜市役所
米原町史　米原町史編さん委員会　米原町役場
近江国坂田郡志　滋賀県坂田郡教育会　名著出版
近江輿地志略　宇野健一編　弘文堂書店

近江名所図会　柳原書店
史記　孟嘗君列伝　司馬遷　新釈漢文大系　明治書院
十八史略　竹内弘行　講談社学術文庫
続日本紀　宇治谷孟　講談社学術文庫
和泉式部日記　新潮日本古典集成　新潮社
紫明抄、河海抄　玉上琢弥編　角川書店
小野小町攷　小林茂美　桜楓社
石山寺縁起絵巻　原色日本の美術　小学館
石山寺縁起絵　日本古寺美術全集　集英社
百人一首一夕話　尾崎雅嘉　岩波文庫
百人一首　島津忠夫　角川文庫
百人一首　高橋睦郎　中公新書
平家後抄　角田文衛　講談社学術文庫
信長公記　太田牛一著、中川太古訳　新人物文庫
夢幻能　田代慶一郎　朝日新書
湖と人の歴史　米原市琵琶湖干拓資料館

著者略歴

菊池光治（きくち　こうじ）

1941年生まれ
東京都出身、滋賀県在住
東京工業大学理工学部卒
滋賀県内企業に就職、2002年退職
歴史探索、旅行写真、能楽愛好家
長浜城歴史博物館友の会会員
能楽古橋竹謳会会員

著書：近江漫遊（サンライズ出版）

続 近江漫遊

2019年1月15日発行

著　者　菊　池　光　治
〒526-0017 滋賀県長浜市相撲町1642-8
☎0749-63-5832

発行者　岩根　順子

発行所　サンライズ出版株式会社
〒522-0004 滋賀県彦根市鳥居本町655-1
☎0749-22-0627

印　刷　シナノパブリッシングプレス

ISBN978-4-88325-653-2　Printed in Japan
定価はカバーに表示しています。乱丁・落丁本はお取り替えいたします。